Découvrez des Jeux Gratuits en Ligne

Disponible Ici :

BestActivityBooks.com/FREEGAMES

5 ASTUCES POUR DÉMARRER !

1) COMMENT RÉSOUDRE LES MOTS MÊLÉS

Les puzzles sont dans un format classique :

- Les mots sont cachés sans espaces, tirets, ...
- Orientation : Les mots peuvent être écrits en avant, en arrière, vers le haut, vers le bas ou en diagonale (ils peuvent être inversés).
- Les mots peuvent se chevaucher ou se croiser.

2) UN APPRENTISSAGE ACTIF

Un espace est prévu à côté de chaque mots pour noter la traduction. Pour favoriser un apprentissage actif un **DICTIONNAIRE** à la fin de cette édition vous permettra de vérifier et étendre vos connaissances. Cherchez et notez les traductions, trouvez-les dans le Puzzle et ajoutez-les à votre vocabulaire !

3) MARQUEZ LES MOTS

Vous pouvez inventer votre propre système de marquage. Peut-être en utilisez-vous déjà un ? Sinon, vous pourriez, par exemple, marquer les mots qui ont été difficiles à trouver d'une croix, ceux que vous avez aimés d'une étoile, les mots nouveaux d'un triangle, les mots rares d'un diamant, etc...

4) STRUCTUREZ VOTRE APPRENTISSAGE

Cette édition vous offre un **CARNET DE NOTES** très pratique à la fin du livre. En vacances ou en voyage ou à la maison, vous pouvez facilement organiser vos nouvelles connaissances sans avoir besoin d'un second bloc-notes !

5) VOUS AVEZ FINI TOUTES LES GRILLES ?

Allez à la section bonus **CHALLENGE FINAL** pour trouver un jeu gratuit à la fin de cette édition !

Simple et Rapide ! Découvrez notre collection de livres d'activités pour votre prochain moment de détente et **d'apprentissage**, à juste un clic de distance !

Trouvez votre prochain défi sur :

BestActivityBooks.com/MonProchainLivre

À vos marques, prêts... Partez !

Saviez-vous qu'il existe environ 7 000 langues différentes dans le monde ? Les mots sont précieux.

Nous aimons les langues et avons travaillé dur pour créer les livres de la plus haute qualité pour vous. Nos ingrédients ?

Une sélection des thématiques d'apprentissage adaptée, trois belles parts de divertissement, puis nous ajoutons une cuillère de mots difficiles et une pincée de mots rares. Nous les servons avec soin et un maximum de plaisir pour vous permettre de résoudre les meilleurs jeux de mots mêlés qui soient et d'apprendre en vous amusant !

Votre avis est essentiel. Vous pouvez participer activement au succès de ce livre en nous laissant un commentaire. Nous aimerions vraiment savoir ce que vous avez préféré dans cette édition !

Voici un lien rapide qui vous mènera à la page d'évaluation de vos commandes :

BestBooksActivity.com/Avis50

Merci pour votre aide et amusez-vous bien !

De la part de toute l'équipe

1 - Été

Ֆ	Ծ	Փ	Մ	Լ	Թ	Ո	Ւ	Լ	Ա	Ց	Ո	Ւ	Մ
Ո	Ա	Յ	Գ	Ի	Լ	E	Լ	Շ	Ա	H	Ը	Ջ	Ա
Ը	Ւ	Թ	Հ	Ռ	Ո	Ջ	Թ	Ն	Ջ	Է	Ց	Ջ	Ր
Ծ	Ն	Ր	K	P	Ղ	Թ	Ի	E	Ժ	Ը	Ն	Գ	Շ
Շ	Ն	Տ	Ա	Ս	Ա	Ն	Դ	Ա	Լ	Ն	Ե	Ր	Ա
Ս	Պ	Ղ	Ա	Խ	Լ	K	K	Մ	Ո	Կ	Ի	Ք	Վ
Ֆ	Ս	Ո	Տ	Ն	Ո	Ա	Ս	Տ	Ղ	Ե	Ր	Ե	Ղ
Ծ	Ն	Վ	Տ	Ի	Ի	Ւ	Լ	Ո	Ա	Ր	Խ	Ր	Ք
Ր	Ո	Շ	Խ	K	Գ	Ք	Թ	Ժ	Փ	Ն	A	E	E
Ի	Ւ	Վ	Ա	Ս	Ց	Դ	Պ	Յ	Ւ	Ե	Բ	Ս	Պ
Ֆ	Ն	Փ	Ղ	Ջ	A	Փ	Ջ	Ր	Ո	Ր	Չ	Վ	Մ
Ժ	Դ	Ղ	Ե	Ք	Ք	Մ	Ը	Յ	Ր	Ւ	Գ	Շ	Հ
Չ	Չ	Ա	Ր	Ձ	Ա	Կ	Ո	Ւ	Ր	Դ	Ն	A	K
Ե	Ր	Ա	Ժ	Շ	Տ	Ո	Ւ	Թ	Յ	Ո	Ւ	Ն	P

ԸՆԿԵՐՆԵՐ
ԱՐՇԱՎ
ԱՍՏՂԵՐ
ԸՆՏԱՆԻՔ
ԱՅԳԻ
ԽԱՂԵՐ
ՈՒՐԱԽՈՒԹՅՈՒՆ
ԳՐՔԵՐ

ԾՈՎ
ԵՐԱԺՇՏՈՒԹՅՈՒՆ
ԼՈՂԱԼ
ՍՆՈՒՆԴ
ԼՈՂԱՓ
ԹՈՒԼԱՑՈՒՄ
ՍԱՆԴԱԼՆԵՐ
ԱՐՁԱԿՈՒՐԴ

2 - Adjectifs #2

Վ	Ա	Յ	Ր	Ի	Վ	Ո	Ծ	E	Փ	Մ	P	Հ	Դ
Շ	Ւ	Է	Ե	H	Յ	Ա	Ղ	Ի	Դ	Փ	Հ	Զ	Ր
Հ	Ա	Յ	Տ	Ն	Ի	Ճ	Վ	Ո	Ւ	Ժ	Ե	Ղ	Ա
Մ	Չ	Ք	Շ	Ժ	Ռ	Ժ	Հ	Ե	Ճ	Ց	A	Ր	Մ
Ա	Ռ	Ո	Ղ	Ջ	Թ	L	Ք	Ն	Ր	Վ	E	Ք	Ա
Ք	Հ	Ե	Ր	Ո	Շ	Ն	Ո	Ր	Հ	Ա	L	Ի	Տ
Ո	Պ	Հ	Զ	Ո	Ր	Ն	Ո	Ր	Ե	Բ	Կ	Չ	Ի
Ւ	Ա	Ք	Պ	Ջ	Ը	Տ	Դ	Շ	Տ	Ն	Ռ	Ա	Կ
Ր	Ր	Ն	Չ	Բ	Ջ	Զ	Ա	Տ	Ա	Ա	Ց	Ռ	Ն
Ը	Տ	Կ	Տ	A	Է	Մ	Վ	Ք	Ք	Կ	Ճ	Վ	Ք
Ո	Մ	Ո	Ն	Կ	Ա	Ր	Ա	Գ	Ր	Ա	Կ	Ա	Ն
Ծ	Դ	Տ	Ն	Ո	Ց	Ա	A	Ֆ	Ք	Ն	Ի	Թ	Թ
Ժ	Ռ	Շ	Խ	Ւ	Զ	H	Փ	Թ	Ի	Ց	Ղ	Ժ	Ն
Ռ	Ի	Յ	Ի	K	Տ	Ի	Ջ	Է	Ր	Յ	Ղ	Բ	Դ

ՎԱՎԵՐԱԿԱՆ
ՀԱՅՏՆԻ
ՏԱՔ
ՆԿԱՐԱԳՐԱԿԱՆ
ՇՆՈՐՀԱԼԻ
ԴՐԱՄԱՏԻԿ
ՀՊԱՐՏ
ՈՒԺԵՂ
ՀԵՏԱՔՐՔԻՐ
ԲՆԱԿԱՆ
ՆՈՐ
ՀԶՈՐ
ՄԱՔՈՒՐ
ԱՌՈՂՋ
ԱՂԻ
ՎԱՅՐԻ
ՉՈՐ
ՔՆԿՈՏ

3 - Exploration

Մ	E	Ջ	Բ	Ն	E	Ց	P	Ե	Վ	Ա	Հ	Հ	Ճ
Հ	Շ	Ց	Ժ	Ա	Ո	Ո	Կ	Դ	Տ	Մ	Ե	Ո	Ա
Յ	Խ	Ա	Ս	P	Ց	Ր	Ս	Հ	Ա	A	Ռ	Ւ	Ն
P	Ը	Ն	Կ	Տ	Ռ	Ո	Ը	Բ	Ն	Ֆ	Ա	Զ	Ա
H	Ծ	Հ	Հ	Ո	Վ	Տ	Ւ	Ն	Գ	Վ	Վ	Մ	Պ
Ճ	Ս	Ա	Ֆ	Խ	Ւ	Շ	Չ	Մ	Ն	Դ	Ո	Ո	Ա
Վ	Ե	Յ	Ց	Դ	Տ	Յ	A	O	Ե	Կ	Ր	Ւ	Ր
Ա	Մ	Տ	Ո	Թ	H	Վ	Թ	Ռ	Ր	Գ	Կ	Ն	Հ
Յ	Չ	P	Ձ	Ս	Ո	Վ	Ո	Ր	Ե	Լ	Ձ	Ք	Ո
Ր	Լ	Ք	Ա	Ջ	Ո	Ւ	Թ	Յ	Ո	Ւ	Ն	Խ	Ր
Ի	Ե	Կ	Ե	Ն	Դ	Ա	Ն	Ի	Ն	Ե	Ր	Տ	Դ
Չ	Զ	Ս	Պ	Ա	Ռ	Ո	Ւ	Մ	Ձ	Զ	Փ	Պ	Ե
Ո	Ո	Վ	Տ	Ա	Ն	Գ	Ա	Վ	Ո	Ր	Չ	Ծ	Լ
Ք	Ւ	Ղ	Ն	Է	Ի	Ժ	O	O	Մ	Ճ	O	Պ	Ք

ԿԵՆԴԱՆԻՆԵՐ
ՍՈՎՈՐԵԼ
ՔԱՋՈՒԹՅՈՒՆ
ՄՇԱԿՈՒՅԹ
ՎՏԱՆԳՆԵՐ
ԲԱՑՈՒՄ
ՀՈՒԶՄՈՒՆՔ
ՍՊԱՌՈՒՄ
ԱՆՀԱՅՏ
ԼԵԶՈՒ
ՀԵՌԱՎՈՐ
ՆՈՐ
ՎՏԱՆԳԱՎՈՐ
ՎԱՅՐԻ
ՃԱՆԱՊԱՐՀՈՐԴԵԼ

4 - Formes

Ը	Մ	Հ	Հ	Մ	Օ	Ի	Ի	Ո	Խ	Է	Ո	Ո	Ե
Ռ	Է	E	Օ	Ռ	Զ	Վ	Ռ	Կ	Ո	Ր	Լ	Ի	Ռ
Է	Լ	Ի	Պ	Ս	Դ	Ց	Ա	Ց	Ր	Կ	Ո	Ղ	Ա
Տ	Հ	Ի	Պ	Ե	Ր	Բ	Ո	Լ	Ա	Չ	Ր	Ղ	Ն
Բ	Ձ	Ս	Ռ	Ց	Ք	Ի	Չ	Ի	Ն	Ֆ	Տ	Ա	Կ
Պ	Ո	Է	Լ	Ո	Ա	Ս	Ժ	Կ	Ա	Վ	Ի	Ն	Յ
Ի	Ց	Ի	Բ	Տ	Ռ	Պ	Ե	Զ	Ր	Ե	Ր	Կ	Ո
Հ	P	P	Ր	Տ	Ա	Ր	Ա	Փ	Դ	Ի	Դ	Յ	Ի
Գ	Տ	Է	Գ	Գ	Կ	Ի	Ն	Ֆ	K	Ձ	Կ	Ո	Ն
Ժ	Ի	Ծ	Լ	Տ	Ո	Զ	Կ	Ֆ	A	Ա	Ո	Ի	Ի
Ք	Ռ	Ծ	Ա	E	Ի	Մ	Յ	Ը	Ս	Ղ	Ղ	Ն	Չ
E	Ե	Զ	Ն	Չ	Ս	Ա	Ո	Ո	Պ	Ե	Մ	Ի	Պ
Հ	K	P	Փ	Ո	Ի	Ճ	Ի	Ժ	P	Ղ	Ժ	Լ	Զ
Պ	Ո	Լ	Ի	Գ	Ո	Ն	Ն	Թ	P	Ռ	Փ	Ծ	Յ

ԱՂԵՂ
ԵԶՐԵՐ
ՔԱՌԱԿՈՒՍԻ
ՑԼԻԿ
ԱՆԿՅՈՒՆ
ԿՈՐ
ԿՈՆ
ԿՈՂՄ
ԽՈՐԱՆԱՐԴ
ԳԼԱՆ
ԷԼԻՊՍ
ՀԻՊԵՐԲՈԼԱ
ԳԻԾ
ՕՎԱԼ
ՊՈԼԻԳՈՆ
ՊՐԻԶՄԱ
ԲՈՒՐԳ
ՈՒՂՂԱՆԿՅՈՒՆԻ
ՈԼՈՐՏ
ԵՌԱՆԿՅՈՒՆԻ

5 - Salle de Bains

Է	Լ	Օ	Ե	Զ	Լ	Ժ	Ժ	Ւ	Զ	Ջ	K	Ի	Օ
Ֆ	Վ	Ճ	Վ	Զ	Ո	Ւ	Գ	Ա	Ր	Ա	Ն	Զ	Ծ
Հ	Ա	Ա	Ի	Ե	Ս	Հ	Շ	Հ	H	Ր	Զ	Մ	Ա
Լ	Ց	Ռ	Շ	Չ	Յ	Ջ	Ա	Ջ	Դ	Ձ	Կ	Փ	Ն
Ջ	Ա	Յ	Թ	Ք	Ո	Ց	Մ	Յ	Ե	Ք	Է	Բ	Ե
Ս	Ր	Բ	Ի	Չ	Ն	Ջ	Պ	Պ	Ե	Զ	Բ	Ա	Լ
Պ	Ա	Պ	Պ	Կ	Չ	Ո	Ո	Օ	Ց	Լ	Ծ	Ղ	Ի
Ո	Ն	Ծ	Տ	Դ	Թ	Ն	Ւ	Շ	A	Ե	Ի	Ն	Ք
Ւ	Ծ	Ո	Ր	Ա	Կ	Ց	Ն	Ց	Ո	Ւ	Ղ	Ի	Ո
Ն	Ո	Մ	Կ	Ր	Ա	Տ	Լ	Կ	Ղ	Ո	Լ	Ք	Ը
Գ	Ծ	Ն	Ռ	Թ	Ղ	Դ	Ջ	Ե	Ճ	Գ	Ք	Ն	Ժ
Մ	Ո	Յ	Է	Ռ	Ջ	Ա	Ո	Ջ	Ս	Ք	Գ	Ղ	Պ
Շ	Ղ	Ր	Զ	Զ	K	Ձ	Ւ	Թ	Ս	K	Զ	Ղ	K
Ն	Ղ	Չ	Գ	Ղ	Վ	P	Ր	Զ	Ո	Ւ	Յ	Գ	Ե

ԲԱՂՆԻՔ
ՄԿՐԱՏ
ՑՆՑՈՒՂ
ՋՈՒՐ
ՍՊՈՒՆԳ
ԼՎԱՑԱՐԱՆ
ԼՈՍՅՈՆ
ՀԱՅԵԼԻ
ՕԾԱՆԵԼԻՔ
ԾՈՐԱԿ
ՕՃԱՌ
ՍՐԲԻՉ
ՇԱՄՊՈՒՆ
ԳՈՐԳ
ԶՈՒԳԱՐԱՆ
ԶՈՒՅԳ

6 - Adjectifs #1

Ա	Ն	Ո	Ւ	Շ	Ա	Բ	Ո	Ւ	Յ	Ր	Ն	Գ	Հ
Վ	Ն	Հ	Ս	Կ	Ա	Յ	Ա	Կ	Ա	Ն	Ո	Ե	Ա
Ժ	Ա	Մ	Ա	Ն	Ա	Կ	Ա	Կ	Ի	Ց	Ւ	Ղ	Վ
Ա	H	Չ	Ե	Ղ	Բ	Մ	Թ	Օ	Բ	Բ	Յ	Ա	Ա
Յ	Զ	Ջ	L	Ղ	Կ	Ա	Ձ	Չ	Փ	Ծ	Ն	Ր	Կ
H	E	Ն	Դ	Ի	Ք	Ճ	Ց	Պ	Հ	Ջ	Ա	Վ	Ն
Ը	H	Ք	Ի	Ճ	Բ	Ա	Կ	Ա	Է	Ֆ	Կ	Ե	Ո
Ը	Հ	A	Բ	Վ	Է	Ծ	Ա	Ն	Ր	Ա	Ա	Ս	Տ
A	Ճ	Բ	Ա	Ր	Ա	Կ	Ր	P	Ո	Ձ	Ն	Տ	Դ
Գ	Ե	Ղ	Ե	Ց	Ի	Կ	Ե	Է	Ը	Ժ	Ա	Ա	Ա
Ա	Կ	Տ	Ի	Վ	Հ	Ը	Ւ	Ն	Ջ	Դ	Ճ	Կ	Ն
Է	Կ	Զ	Ո	Տ	Ի	Կ	Ո	Ի	Ձ	Ճ	Մ	Ա	Դ
Գ	Ր	Ա	Վ	Ի	Չ	Թ	Ր	Ն	Ը	Ք	K	Ն	Ա
Ա	Ռ	Ա	Տ	Ա	Ձ	Ե	Ռ	Ն	Ր	Ր	Ը	Չ	Ղ

ԲԱՑԱՐՁԱԿ
ԱԿՏԻՎ
ՀԱՎԱԿՆՈՏ
ԱՆՈՒՇԱԲՈՒՅՐ
ԳԵՂԱՐՎԵՍՏԱԿԱՆ
ԳՐԱՎԻՉ
ԳԵՂԵՑԻԿ
ԷԿԶՈՏԻԿ
ՀՍԿԱՅԱԿԱՆ
ԱՌԱՏԱՁԵՌՆ
ԱԶՆԻՎ
ՆՈՒՅՆԱԿԱՆ
ԿԱՐԵՒՈՐ
ԱՆՄԵՂ
ԴԱՆԴԱՂ
ԾԱՆՐ
ԲԱՐԱԿ
ԺԱՄԱՆԱԿԱԿԻՑ

7 - Instruments de Musique

Բ	Մ	Շ	Ջ	Ո	Ւ	Թ	Ա	Կ	Գ	H	Դ	Մ	Վ
Ա	Ո	Ա	Ե	Ը	Ժ	Չ	Կ	Ի	Ո	Թ	Վ	Կ	Տ
Ն	Ս	Ւ	Ր	Փ	Ս	Ռ	Օ	Թ	Ն	Ա	Ք	Լ	Տ
Ջ	Ա	Վ	Բ	Ի	Ո	Է	Ւ	Ա	Գ	Վ	Գ	Ա	Ր
Ո	Ք	Խ	Յ	Ե	Մ	Ր	Ղ	Ռ	K	Ջ	Յ	Ր	Ո
Ւ	Ս	Ա	Ա	Ճ	Ն	Բ	Դ	Օ	Բ	Ո	Ե	Ն	Մ
Բ	Ո	Ւ	Մ	Ի	Չ	Ղ	Ա	Ժ	Ւ	Ւ	E	Ե	Բ
Ի	Ֆ	Ե	Ա	Ձ	Ք	A	Շ	Յ	Բ	Թ	Լ	Տ	Ո
Ձ	Ո	Ն	Ն	Տ	Ս	Լ	Ն	Ֆ	Պ	Ա	Ֆ	Ա	Ն
H	Ն	Դ	Դ	Ց	P	Ղ	Ա	Լ	Ր	Կ	Ա	Վ	Յ
Թ	Մ	Բ	Ո	Ւ	Կ	Ո	Մ	Ե	Մ	Ա	Ծ	Ի	Յ
H	Ց	K	Լ	Փ	Ֆ	Ց	Ո	Յ	A	Ք	Ց	Ղ	Ս
Լ	Ե	Ջ	Ի	Ի	A	E	Ւ	Տ	Ֆ	Ա	Ս	Ո	Ն
Ժ	Ժ	Ծ	Ն	Վ	Ս	Ս	Ր	Ա	Թ	Օ	Օ	Ճ	H

ԲԱՆՋՈ
ՖԱՍՈՆ
ԿԼԱՐՆԵՏ
ՖԼԵՅՏԱ
ԳՈՆԳ
ԿԻԹԱՌ
ՏԱՎԻՂ
ՕԲՈԵ
ՄԱՆԴՈԼԻՆ
ՄԱՐԻՄԲԱ
ԴԱՇՆԱՄՈՒՐ
ՍԱՔՍՈՖՈՆ
ԹՄԲՈՒԿ
ԲՈՒԲԵՆ
ՏՐՈՄԲՈՆ
ՇԵՓՈՐ
ՋՈՒԹԱԿ
ԹԱՎՋՈՒԹԱԿ

8 - Échecs

Խ	Ե	Լ	Ա	Ց	Ի	Թ	Խ	Բ	Պ	Ժ	Ի	Ը	Թ
Թ	Ա	Գ	Ո	Ւ	Յ	Ի	Ա	Չ	Խ	Ա	K	Խ	Կ
Ա	H	Ղ	Ն	Մ	P	Լ	Ղ	Տ	Ֆ	Մ	Ս	Յ	Կ
Գ	Ձ	Ն	Ա	Ս	Ե	Ւ	Ւ	Ջ	Ս	Ա	Ո	Ի	K
Ա	Ց	Մ	Ր	Ց	Ո	Ւ	Յ	Թ	Պ	Ն	Վ	Յ	Վ
Վ	Ջ	Ն	Լ	Մ	Ո	Թ	Ց	Ց	Ի	Ա	Ո	A	Մ
Ո	Ծ	H	Ց	Դ	Է	Ղ	O	Ր	Տ	Կ	Ր	Ց	Ր
Ր	Ե	O	Ւ	Չ	P	Φ	Ծ	Ծ	Ա	Թ	Ե	Բ	Ց
Ը	Դ	Ը	Φ	Չ	Ե	Ծ	Φ	Պ	Կ	Φ	Լ	E	Ա
Ս	Ո	Ղ	Ո	Ւ	Ն	Մ	Մ	Ի	Ա	Վ	Ո	Ր	Ճ
Ջ	Ի	Ի	Թ	Ն	Կ	Ձ	Պ	Տ	K	Չ	Ֆ	Թ	Ա
Կ	Ա	Ն	Ո	Ն	Ն	Ե	Ր	Ի	Դ	Ձ	Տ	Ձ	Ր
H	H	Ջ	Բ	Ի	Ռ	Ր	Ս	Ճ	Ո	Ճ	Ն	Ջ	Թ
Յ	Ա	Կ	Ա	Ռ	Ա	Կ	Ո	Ր	Դ	Ն	Գ	Ր	Ճ

ՅԱԿԱՌԱԿՈՐԴ
ՍՈՎՈՐԵԼ
ՍՊԻՏԱԿ
ՉԵՄՊԻՈՆ
ՄՐՑՈՒՅԹ
ԽԵԼԱՑԻ
ԽԱՂ
ԽԱՂԱՑՈՂ
ՍԵՒ
ՊԱՍԻՎ
ՄԻԱՎՈՐ
ԹԱԳՈՒՅԻ
ԿԱՆՈՆՆԵՐ
ԹԱԳԱՎՈՐԸ
ՍՈՂՈՒՆ
ԺԱՄԱՆԱԿ
ՄՐՑԱՇԱՐ

9 - Herboristerie

Թ	Լ	Գ	Զ	Ո	Է	Ժ	Օ	Ս	Ո	Ժ	A	Ա	Ծ
Ւ	Ձ	Յ	Ա	Խ	Ւ	Վ	Ե	Ա	Ֆ	P	Ս	Ն	Ա
Է	Չ	Ց	Ֆ	Յ	Ց	Ր	Ե	Մ	Բ	Ը	Ա	Ո	Ղ
Է	Ռ	Ւ	Ր	Ո	Գ	Ս	Ց	Ի	Ժ	Ր	Խ	Ւ	Ի
Ձ	Ը	Վ	Ա	Վ	Ղ	Ի	Օ	Թ	Վ	Խ	Ո	Շ	Կ
Չ	Թ	Վ	Ն	Ս	Խ	Տ	Ո	Ր	Ռ	Ե	Հ	Ա	Ն
Շ	Ա	Հ	Ա	Վ	Ե	Տ	Ւ	Մ	Ո	Բ	Ա	Բ	Չ
Պ	Ր	Ա	Ր	Ո	Ր	Ա	Կ	Ա	Զ	Ա	Ր	Ո	Թ
Ը	Գ	Մ	Դ	Ն	Հ	Տ	Ջ	Ր	Մ	Ղ	Ա	Ւ	Է
Խ	Ո	Ը	Ո	Պ	Ղ	Ս	Ի	Ջ	Ա	Ա	Ր	Յ	Շ
Ճ	Ւ	Ծ	Ս	Ի	Ֆ	K	Ֆ	Ո	Ր	Դ	Ա	Ր	Ք
Ն	Ն	Կ	Ա	Ն	Ա	Չ	Ո	Ր	Ի	Ր	Կ	Զ	Փ
Ա	Ն	Ա	Ն	Ո	Ւ	Խ	Խ	Ա	Խ	Ի	Ա	Լ	Ղ
Ւ	Ծ	Տ	Ր	Ւ	Ծ	Ո	Շ	Մ	Դ	Չ	Ն	Ֆ	Ք

ՍԽՏՈՐ
ԱՆՈՒՇԱԲՈՒՅՐ
ՌԵՀԱՆ
ՇԱՀԱՎԵՏ
ԽՈՀԱՐԱՐԱԿԱՆ
ԹԱՐԳՈՒՆ
ՍԱՄԻԹ
ԾԱՂԻԿ
ԲԱՂԱԴՐԻՉ
ԱՅԳԻ
ՆԱՐԴՈՍ
ՄԱՐՋՈՐԱՄ
ԱՆԱՆՈՒԽ
ՈՐԱԿ
ՌՈԶՄԱՐԻ
ԶԱՖՐԱՆ
ՀԱՄԸ
ՈՒՐՑ
ԿԱՆԱՉ

10 - Véhicules

Հ	Ռ	Ե	Ռ	E	Տ	Ի	Ր	Ե	Ս	Փ	Հ	A	Ք
Ե	Լ	Ա	Ս	Տ	Ա	Ն	Ա	Վ	Մ	Ո	Տ	Ո	Ր
Ծ	Հ	Ի	Մ	Ո	Ք	Ք	H	Պ	Բ	Ջ	Ս	Վ	Ս
Ա	Ր	A	Ե	Ւ	Ս	Ն	Ա	Վ	Ա	Կ	A	P	Կ
Ն	Թ	Վ	Տ	Բ	Ի	Ա	Պ	Ր	Ջ	Ռ	Գ	Զ	Ո
Ի	Ի	Ի	Ր	Լ	Դ	Թ	Շ	Ղ	Ա	Ս	Զ	Ց	Ւ
Վ	Ռ	Վ	Ո	Բ	Պ	Ի	A	Ֆ	P	Վ	Ա	Ն	Տ
Ք	Դ	Վ	Մ	Ձ	A	Ռ	Կ	Կ	Գ	K	Ա	Ճ	Ե
Ֆ	Հ	Ր	Ր	Ս	Ո	Ւ	Զ	Ա	Ն	Ա	Վ	Ն	Ր
Ո	Ւ	Ղ	Ղ	Ա	Թ	Ի	Ռ	Ո	Ա	Ֆ	A	Կ	Փ
Բ	Ե	Ռ	Ն	Ա	Տ	Ա	Ր	Ճ	Ց	Չ	Ծ	Զ	Ջ
Պ	Ո	A	Ե	Ն	Դ	Ղ	Մ	Ե	Ք	Ե	Ն	Ա	Թ
Ա	Վ	Տ	Ո	Բ	Ո	Ւ	Ս	Յ	E	Ճ	Ն	Ե	Ղ
Վ	Ւ	Ձ	Ր	Ց	P	Ը	Տ	Ր	Ա	Կ	Տ	Ո	Ր

ԻՆՔՆԱԹԻՌ
ՆԱՎԱԿ
ԱՎՏՈԲՈՒՍ
ԲԵՌՆԱՏԱՐ
ՔԱՐԱՎԱՆ
ԼԱՍՏԱՆԱՎ
ՀՐԹԻՌ
ՈՒՂՂԱԹԻՌ
ՄԵՏՐՈ
ՄՈՏՈՐ
ՏԻՐԵՍ
ՍԿՈՒՏԵՐ
ՍՈՒԶԱՆԱՎ
ՏԱՔՍԻ
ՏՐԱԿՏՈՐ
ԳՆԱՑՔ
ՎԱՆ
ՀԵԾԱՆԻՎ
ՄԵՔԵՆԱ

11 - Camping

Ա	Մ	Ջ	Մ	Ա	Յ	O	Ո	Յ	P	E	L	Ի	Ճ
Մ	Ե	Ր	Ի	Ց	Ե	Փ	Ո	Ց	Ճ	Կ	Ո	Գ	Ի
Ն	Հ	Հ	Ջ	Ճ	Ժ	Ժ	Ճ	Դ	Չ	Ո	Ւ	L	K
Հ	Ս	Ղ	Ա	Խ	Ռ	K	Ճ	Ե	P	Ղ	Ս	Խ	P
Ր	Հ	Ժ	Տ	Ք	Մ	Ժ	Ր	Ո	Վ	Մ	Ի	Ա	Կ
Կ	Ե	Ն	Դ	Ա	Ն	Ի	Ն	Ե	Ր	Ն	Ն	Ր	Բ
Ջ	Ց	Ղ	Ձ	Ր	Ն	Չ	Ը	O	Ա	Ա	Փ	Կ	Ն
P	Թ	Տ	Ս	Տ	Ա	Տ	Խ	Ճ	Ն	Ց	Ծ	Ճ	Ո
H	Ց	Չ	P	Ե	L	Ն	Ա	Վ	Վ	Ո	K	Բ	Ւ
Ց	Կ	Է	L	Շ	Ե	Ա	Ծ	Ռ	Ո	Ւ	Է	Պ	Թ
Ն	Ա	Վ	Ա	Կ	Ռ	Կ	Շ	Ա	Է	Յ	Ի	Ա	Յ
Ա	Ր	Կ	Ա	Ծ	Շ	Ո	Ր	Ս	Ռ	Ց	A	Ր	Ո
Տ	A	Է	P	Ճ	Ժ	Ւ	A	Ա	Պ	Ե	Շ	Ա	Ւ
Ժ	Ա	Մ	Ա	Ն	Ց	Մ	Դ	Ֆ	Կ	Չ	Ր	Ն	Ն

ԺԱՄԱՆՑ
ԿԵՆԴԱՆԻՆԵՐ
ԾԱՌԵՐ
ԱՐԿԱԾ
ԿՈՂՄՆԱՑՈՒՅՑ
ՏՆԱԿՈՒՄ
ՆԱՎԱԿ
ՔԱՐՏԵԶ
ԳԼԽԱՐԿ
ՈՐՍ
ՊԱՐԱՆ
ԿՐԱԿ
ԱՆՏԱՌ
ՄԻՋԱՏ
ԼԻՃ
ԼՈՒՍԻՆ
ԼԵՌ
ԲՆՈՒԹՅՈՒՆ
ՎՐԱՆ

12 - Écologie

Գ	Ո	Յ	Ա	Տ	Ե	Ւ	Ո	Ւ	Մ	H	Բ	Գ	Ռ
Ջ	Կ	Տ	Ե	Ս	Ա	Կ	Ն	Ե	Ր	Կ	Ն	Լ	Ե
Ֆ	Ա	Ո	Ւ	Ն	Ա	Ո	Ն	Բ	Ռ	Ա	Ա	Ո	Ս
Մ	Մ	Ս	Ե	Գ	Կ	Կ	Ր	Կ	Ք	Յ	Կ	Բ	Ո
Ո	Ա	Ջ	Ժ	Ս	Ք	Լ	Ֆ	Ց	Ձ	Ո	Ա	Ա	Ւ
Չ	Վ	Ռ	A	Հ	Ո	Ն	Ի	Ղ	Ք	Ւ	Ն	Լ	Ր
Ծ	Ո	Վ	Ա	Յ	Ի	Ն	Ճ	Մ	Ֆ	Ն	A	Ս	Ս
Ւ	Ր	Բ	Կ	Ն	Ձ	Դ	O	Ա	Ա	Լ	Ի	Ղ	Ն
Բ	Ն	Ո	Ւ	Թ	Յ	Ո	Ւ	Ն	Հ	Է	Ո	Վ	Ե
Բ	Ե	Ւ	Գ	Լ	Ե	Ռ	Ն	Ե	Ր	Ի	Ղ	Ր	Ր
Չ	Ր	Յ	Ռ	Ս	Ր	Է	Ւ	Ծ	Տ	Շ	Ճ	Ս	Ա
H	Խ	Ս	Ո	Հ	Ա	Մ	Ա	Յ	Ն	Ք	Ն	Ե	Ր
Ի	Յ	Ե	Մ	Բ	Շ	Թ	K	Ը	Ւ	K	H	E	Ղ
Չ	Շ	Ր	P	Ո	Տ	Ե	H	Ս	Ջ	Ջ	Յ	Մ	Ց

ԿԱՄԱՎՈՐՆԵՐ
ԿԼԻՄԱ
ՀԱՄԱՅՆՔՆԵՐ
ԿԱՅՈՒՆ
ՏԵՍԱԿՆԵՐ
ՖԱՈՒՆԱ
ՖԼՈՐԱ
ԳԼՈԲԱԼ
ՃԱՀԻՃ
ԾՈՎԱՅԻՆ
ԼԵՌՆԵՐ
ԲՆՈՒԹՅՈՒՆ
ԲՆԱԿԱՆ
ԲՈՒՅՍԵՐ
ՌԵՍՈՒՐՍՆԵՐ
ԵՐԱՇՏ
ԳՈՅԱՏԵՒՈՒՄ

13 - Astronomie

Ս	Ո	Ւ	Պ	Ե	Ր	Ն	Ո	Վ	Ա	Մ	Խ	Գ	Ա
Բ	Ի	Ֆ	Ա	Ծ	P	Յ	Ռ	Ջ	Ծ	Ե	Ա	Ա	Ս
Է	Է	Ա	Վ	P	Խ	Ր	Պ	Վ	Ք	Տ	Վ	Լ	Տ
Ա	Ք	Ո	Տ	Ն	Լ	Թ	Կ	Ք	Ֆ	Ե	Ա	Ա	Ղ
Ր	Տ	Վ	Ե	Ր	Կ	Ի	Ն	Ք	Ջ	Ո	Ր	Ք	Ա
Ե	Ի	Վ	Ի	Թ	Ե	Ռ	Ձ	Ժ	Ա	Ր	Ո	Ս	Դ
Ւ	Ե	P	Ց	Ն	Լ	Ր	Ա	Ձ	Ս	Բ	Ւ	Ի	Ի
Ա	Ջ	Ն	Ր	Ե	Ո	Մ	Կ	Մ	Տ	Ֆ	Մ	Ա	Տ
Յ	Ե	Ջ	Զ	Բ	Ւ	Ք	Ո	Ի	Ե	Ջ	Ր	Ք	Ա
Ի	Ր	Ճ	Ի	Ո	Ս	Ք	Ս	Լ	Ր	A	Վ	Ի	Ր
Ն	Ք	Շ	Ա	Ւ	Ի	Թ	Կ	Ռ	Ո	Պ	Ս	Բ	Ա
Գ	Զ	Ժ	Է	Լ	Ն	A	H	Ն	Ի	Ր	Ւ	E	Ն
Ա	Ս	Տ	Ղ	Ա	Գ	Ե	Տ	Զ	Դ	Վ	Ա	Ի	Ս
H	Տ	Ի	Ե	Ջ	Ե	Ր	Ա	Գ	Ե	Տ	A	Կ	Վ

ԱՍՏԵՐՈԻԴ
ՏԻԵԶԵՐԱԳԵՏ
ԱՍՏՂԱԳԵՏ
ԵՐԿԻՆՔ
ԽԱՎԱՐՈՒՄ
ԷՔՎԻՆՈՔՍ
ՀՐԹԻՌ
ԳԱԼԱՔՍԻԱ
ԼՈՒՍԻՆ
ՄԵՏԵՈՐ
ՆԵԲՈՒԼԱ
ԱՍՏՂԱԴԻՏԱՐԱՆ
ՄՈԼՈՐԱԿ
ԱՐԵՒԱՅԻՆ
ՍՈՒՊԵՐՆՈՎԱ
ԵՐԿԻՐ
ՏԻԵԶԵՐՔ

14 - Types de Cheveux

Խ	Է	Մ	Չ	Ո	Ր	Շ	Շ	Փ	Հ	Ա	Ր	Թ	Ո
Ղ	Ջ	Ո	Չ	Է	Փ	Ի	Օ	Ա	Ա	Ռ	Ո	Ղ	Ջ
Ճ	Ֆ	Խ	Թ	Պ	Ա	Կ	Ծ	Յ	Ս	Ր	Ծ	P	Յ
Ա	Դ	Ր	Ջ	Է	Փ	Ա	Չ	Լ	Տ	Ժ	Ծ	Գ	Ս
Ղ	Պ	Ա	Ե	Ի	Ո	Հ	Ն	Ո	Թ	Ժ	Գ	Ա	Տ
Ա	Ջ	Գ	Դ	Ր	Ւ	Ե	Ի	Ւ	Ւ	Ո	Շ	Ն	Թ
Տ	Խ	Ո	Ռ	Է	Կ	Ր	Կ	Ն	Տ	Ց	Ւ	Գ	Հ
Ւ	Ո	Ւ	Փ	Ր	Ո	Ա	Ց	Ա	Յ	Ս	Ջ	Ո	Յ
K	Բ	Յ	Յ	Փ	Ֆ	Ւ	Ր	Ի	Ր	K	A	Ւ	Ո
Մ	Ճ	Ն	Գ	Ա	Ն	Գ	Ո	Ւ	Ր	Ճ	Ֆ	Ր	Ւ
Հ	Տ	Ե	Ժ	Մ	Ս	Ո	Բ	Ա	Ր	Ա	Կ	Ն	Ս
Օ	Խ	Խ	Ջ	Ր	Ե	Ս	Պ	Ի	Տ	Ա	Կ	Ե	Ա
Ւ	Ղ	Ռ	Գ	Ո	Ւ	Ն	Ա	Վ	Ո	Ր	Հ	Ր	Ծ
Շ	Ա	Գ	Ա	Ն	Ա	Կ	Ա	Գ	Ո	Ւ	Յ	Ն	Դ

ԱՐԾԱԹ
ՍՊԻՏԱԿ
ՇԻԿԱՀԵՐ
ԳԱՆԳՈՒՐՆԵՐ
ՓԱՅԼՈՒՆ
ՃԱՂԱՏ
ԳՈՒՆԱՎՈՐ
ԿԱՐՃ
ՓԱՓՈՒԿ
ՀԱՍՏ
ԳԱՆԳՈՒՐ
ՄՈԽՐԱԳՈՒՅՆ
ՀԱՐԹ
ԵՐԿԱՐ
ՇԱԳԱՆԱԿԱԳՈՒՅՆ
ԲԱՐԱԿ
ՍԵՒ
ԱՌՈՂՋ
ՉՈՐ
ՀՅՈՒՍԱԾ

15 - Restaurant #1

Կ	Մ	Հ	Գ	Ո	Փ	Է	Ժ	Ց	Ա	Հ	Փ	Դ	Ք
Ռ	Ա	Ր	Խ	Հ	Ղ	Ֆ	Դ	Չ	Ճ	Խ	Ն	Ո	Ն
Ճ	Տ	Ա	Ո	Ա	Փ	Ս	Ե	Ւ	Ա	Ո	Գ	Մ	Ւ
Խ	Ո	Ն	Հ	Ց	Շ	Լ	Պ	P	Վ	Ս	Ո	Ե	Ի
H	Ւ	Ձ	Ա	Վ	Ս	Ձ	A	Ս	Ն	Ո	Ւ	Ն	Դ
Ը	Ց	Ե	Ն	Գ	Ա	Ք	K	Ո	Ո	Ի	Ն	Յ	Ե
Ո	Ո	Ռ	Ո	Ն	Վ	Ռ	Ւ	Ո	Կ	Ւ	Դ	Ո	Ս
P	Ղ	Ո	Ց	Է	Ե	Ի	K	Ւ	Պ	Ծ	Ր	Ւ	Ե
Հ	Ո	Ց	Չ	Լ	Ջ	Դ	Ֆ	Ս	Ն	Մ	Ո	Ճ	Ր
Ա	Ւ	Ի	Ն	Ա	Լ	Ե	Ր	Գ	Ի	Ա	Ց	Ւ	Տ
Վ	Հ	Կ	Վ	Ե	Ր	Ա	Պ	Ա	Հ	Ո	Ւ	Մ	Մ
Պ	Ի	Ց	Ե	Է	Մ	Ս	Ե	Լ	Ճ	Գ	A	E	Ի
Ա	K	E	E	Դ	Ա	Ն	Ա	Կ	Ա	Ը	Ձ	Խ	Ս
Թ	Ն	Ր	Ձ	Ը	Ղ	Ժ	Ց	Հ	Է	K	K	Ը	Ա

ԱԼԵՐԳԻԱ
ԱՓՍԵ
ԳՈՒՆԴ
ՍՈՒՐՃ
ԴԱՆԱԿ
ԽՈՀԱՆՈՑ
ԴԵՍԵՐՏ
ԿԾՈՒ
ՄԵՆՅՈՒ
ՍՆՈՒՆԴ
ՀԱՑ
ՀԱՎ
ՎԵՐԱՊԱՀՈՒՄ
ՍՈՈՒՍ
ՄԱՏՈՒՑՈՂՈՒՀԻ
ԱՆՁԵՌՈՑԻԿ
ՄԻՍ

16 - Mammifères

Օ	P	Ը	Ր	Ց	Ո	Ւ	Լ	Չ	Կ	Գ	Ճ	Կ	E
Շ	Ա	Ն	Ւ	Ց	Չ	Ռ	Հ	Ա	Ո	Ո	Ա	Ե	Դ
Ո	Ր	Ձ	Ի	Ս	H	K	Լ	E	Յ	Ր	Գ	Յ	H
Ւ	Ջ	Ո	Ս	Ը	Ա	Ա	Փ	Ժ	Ո	Ի	Ա	Ը	Լ
Ն	Զ	Ւ	Կ	Կ	Ա	Պ	Ի	Կ	Տ	Լ	Ր	Ռ	Ա
Զ	Ե	Ղ	Ա	Ե	Յ	Ա	Ղ	Հ	Պ	Ա	Ն	Տ	Շ
Շ	Բ	Տ	Տ	Տ	Ն	Ժ	Ղ	Ո	Չ	Խ	Ա	Ր	Յ
Թ	Ր	Ղ	Ո	Կ	Ը	Գ	A	Վ	Ա	Գ	Ր	Ձ	Ս
P	Ա	Տ	Ւ	Օ	Հ	Է	Ո	Դ	Ե	Լ	Ֆ	Ի	Ն
Ա	Ռ	Յ	Ո	Ւ	Ծ	Ջ	Փ	Ւ	Պ	Ս	Ս	Օ	Ի
Զ	Օ	Զ	Է	Կ	Փ	A	Ս	Ի	Ր	H	Ւ	Ֆ	Ի
Ե	Ն	Ռ	Հ	Ղ	Ց	Փ	Չ	Զ	Ժ	Ո	Փ	Ւ	Օ
Օ	P	Ս	Խ	Գ	Ֆ	Լ	A	Ղ	P	Պ	Ւ	Տ	Յ
Տ	Չ	Ը	Ւ	Ձ	Օ	Բ	Ը	Ա	Ց	Ւ	Ը	H	Ֆ

ԿԵՏ
ԿԱՏՈՒ
ՁԻ
ՇՈՒՆ
ԿՈՅՈՏ
ԴԵԼՖԻՆ
ՓԻՂ
ԸՆՁՈՒՂՏ
ԳՈՐԻԼԱ
ԿԵՆԳՈՒՐՈՒ

ՃԱԳԱՐ
ԱՌՅՈՒԾ
ԳԱՅԼ
ՈՉԽԱՐ
ԱՐՋ
ԱՂՎԵՍ
ԿԱՊԻԿ
ՑՈՒԼ
ՎԱԳՐ
ԶԵԲՐԱ

17 - Sports

Դ	Ց	Ը	Ջ	Ր	Գ	Ն	Գ	Ֆ	Հ	Ս	Բ	Ա	Գ
Խ	Ա	Ղ	Ա	Ց	Ո	Ղ	Զ	Գ	Ց	Հ	Օ	Ռ	Ի
Բ	Թ	Տ	Ե	Ղ	Լ	Հ	Ա	Ղ	Թ	Ո	Ղ	Ա	Մ
Ա	Մ	Ի	Ա	Ի	Ֆ	Ն	Ջ	Զ	Խ	Կ	Ե	Ջ	Ն
Ս	Ա	Ա	Մ	Վ	Վ	Պ	Վ	Փ	Ա	Ե	H	Ն	Ա
Կ	Ր	Օ	Ր	Ղ	Ո	Ֆ	Ց	Տ	Ղ	Յ	P	Ո	Զ
Ե	Զ	Ե	Տ	Զ	Յ	Ր	Կ	Փ	K	Դ	Ը	Ւ	Ի
Տ	Ի	Ց	Փ	Յ	Ի	E	Կ	Վ	P	Ռ	Ղ	Թ	Ա
Բ	Չ	Զ	Ֆ	Ց	Խ	Կ	Ծ	Ն	Ս	Ւ	Ը	Յ	Թ
Ո	Յ	Թ	Մ	Ա	Ր	Զ	Ա	Դ	Ա	Շ	Տ	Ո	Ե
Լ	Բ	Ե	Յ	Ս	Բ	Ո	Լ	Ո	Ղ	Ա	Լ	Ւ	Շ
Ք	Ռ	Ն	Հ	Ե	Ծ	Ա	Ն	Ի	Վ	Վ	Է	Ն	Օ
Վ	Ց	Ի	Փ	Ճ	Պ	Դ	Կ	Ծ	Վ	Ծ	Ջ	E	Ճ
P	Ե	Ս	Շ	Ա	Ր	Ժ	Ո	Ւ	Մ	E	P	A	Զ

ԴԱՏԱՎՈՐ
ՄԱՐԶԻԿ
ԲԵՅՍԲՈԼ
ԲԱՍԿԵՏԲՈԼ
ԱՌԱՋՆՈՒԹՅՈՒՆ
ՄԱՐԶԻՉ
ԹԻՄ
ՀԱՂԹՈՂ
ԳՈԼՖ
ԳԻՄՆԱԶԻԱ
ՀՈԿԵՅ
ԽԱՂ
ԽԱՂԱՑՈՂ
ՇԱՐԺՈՒՄ
ԼՈՂԱԼ
ՄԱՐԶԱԴԱՇՏ
ԹԵՆԻՍ
ՀԵԾԱՆԻՎ

18 - Chocolat

Ռ	P	Կ	Ժ	Կ	Հ	Բ	K	Է	Բ	A	Հ	Բ	Ղ
Չ	Ե	Ո	Զ	Ա	Դ	Ա	Ռ	Ը	Ո	H	Ա	Ա	Ք
Է	Յ	Կ	Է	Ր	Օ	Ղ	Հ	Ի	Ւ	Մ	Կ	Ղ	Զ
Կ	Ը	Ո	Շ	Ա	Ք	Ա	Ր	K	Ր	Ն	Ա	Ա	Շ
Մ	Ա	Ս	Ր	Մ	H	Դ	Ո	Ց	Մ	A	Ք	Դ	Մ
Է	Ջ	Լ	Լ	Ե	Փ	Ր	Ք	Յ	Ո	Վ	Ս	Ր	Տ
Ս	Ր	Ջ	Ո	Լ	Ո	Ի	Ո	Է	Ւ	P	Ի	Ա	Յ
Հ	Ճ	Ջ	Ր	Ր	Շ	Չ	Ճ	Չ	Ն	Է	Դ	Տ	Շ
Ա	Ա	Թ	Ա	Ս	Ի	Ր	Ա	Ծ	Ք	Կ	Ա	Ո	Ց
Մ	Ւ	Մ	Կ	Ա	Կ	Ա	Ո	Գ	Ա	Զ	Ն	Մ	Թ
Ծ	Բ	Ն	Ե	Դ	Ֆ	E	Ն	Խ	Ղ	Ո	Տ	Ս	H
Հ	Ա	Մ	Ը	Ղ	Շ	Պ	Թ	Ե	Ց	Տ	Օ	Ը	Շ
Լ	Չ	Դ	H	P	Շ	P	Խ	Ն	Ր	Ի	Թ	Ր	Ռ
Շ	Մ	Ձ	Պ	Ֆ	Ց	Ց	Է	Հ	Դ	Կ	Ղ	Ն	Օ

ԴԱՌԸ
ՀԱԿԱՔՍԻԴԱՆՏ
ԲՈՒՐՄՈՒՆՔ
ԿԱԿԱՈ
ԿԱԼՈՐԻԱՆԵՐ
ԿԱՐԱՄԵԼ
ՀԱՄԵՂ
ՔԱՂՑՐ
ԷԿԶՈՏԻԿ
ՍԻՐԱԾ
ՀԱՄ
ԲԱՂԱԴՐԻՉ
ԿՈԿՈՍ
ՓՈՇԻ
ՈՐԱԿ
ԲԱՂԱԴՐԱՏՈՄՍԸ
ՀԱՄԸ
ՇԱՔԱՐ

19 - Mathématiques

Ա	Շ	Ր	Ջ	Ա	Պ	Ա	Տ	Ց	Տ	Ն	Շ	Տ	Ո
Ո	Չ	Խ	Ժ	Ը	Ո	Թ	Վ	Ե	Ր	Ս	Է	Ա	Ւ
Մ	Ծ	Ա	Վ	Ա	Լ	Ը	Դ	Ը	Ա	Ս	Ք	Ս	Ղ
Ս	Ա	Հ	Թ	E	Ի	Հ	Փ	Լ	Մ	Ծ	Ս	Ն	Ղ
A	Դ	Ս	Ֆ	Ք	Գ	A	Ջ	Չ	Ա	Հ	Պ	Ո	Ա
Ո	Խ	Չ	Ա	Է	Ո	Ձ	Գ	Թ	Գ	Ա	Ո	Ր	Ն
Ո	Լ	Ո	Ր	Տ	Ն	Ճ	Ո	Է	Ի	Վ	Ն	Դ	Կ
Գ	Ո	Ւ	Մ	Ա	Ր	Ձ	Ւ	Ւ	Ծ	Ա	Ե	Ա	Յ
Պ	Ր	Ի	Մ	Ե	Տ	Ր	Շ	Բ	Գ	Ս	Ն	Կ	Ո
Ա	Ն	Կ	Յ	Ո	Ւ	Ն	Ն	Ե	Ր	Ա	Տ	Ա	Ւ
Ե	Ռ	Ա	Ն	Կ	Յ	Ո	Ւ	Ն	Ի	Ր	Հ	Ն	Ն
Ք	Ա	Ռ	Ա	Կ	Ո	Ւ	Ս	Ի	Ձ	Ո	Ջ	Ե	Ի
Ս	Ի	Մ	Ե	Տ	Ր	Ի	Ա	H	Մ	Ւ	Շ	Հ	Ռ
Ա	Ս	Տ	Ի	Ճ	Ա	Ն	Ն	Ե	Ր	Մ	Ա	Ե	Յ

ԱՆԿՅՈՒՆՆԵՐ
ՔԱՌԱԿՈՒՍԻ
ՇՐՋԱՊԱՏ
ԱՍՏԻՃԱՆՆԵՐ
ՏԱՍՆՈՐԴԱԿԱՆ
ՏՐԱՄԱԳԻԾ
ԷՔՍՊՈՆԵՆՏ
ՀԱՎԱՍԱՐՈՒՄ
ՄԱՍ
ԹՎԵՐ
ՁՈՒԳԱՀԵՌ
ՊՐԻՄԵՏՐ
ՊՈԼԻԳՈՆ
ՈՒՂՂԱՆԿՅՈՒՆԻ
ԳՈՒՄԱՐ
ՈԼՈՐՏ
ՍԻՄԵՏՐԻԱ
ԵՌԱՆԿՅՈՒՆԻ
ԾԱՎԱԼԸ

20 - Mythologie

Լ	Ա	Բ	Ի	Ր	Ի	Ն	Թ	Ո	Ս	Վ	Ը	Լ	Լ
Օ	Ռ	Հ	Ք	Կ	Ա	Յ	Ծ	Ա	Կ	Ր	Ս	Ա	Ե
Ա	Ր	Ք	Ե	Տ	Ի	Պ	Յ	Լ	Հ	Ե	Տ	Ր	Գ
Հ	Ա	Ղ	Թ	Ա	Կ	Ա	Ն	Հ	Ջ	Ժ	Ե	Ա	Ե
Ռ	Կ	Թ	Թ	Լ	Վ	Պ	Ե	Ի	Ե	Ջ	Ղ	Ր	Ն
Մ	Ա	Հ	Կ	Ա	Ն	Ա	Ց	Ո	Ւ	Ր	Ծ	Ա	Դ
Հ	Խ	Չ	Տ	Օ	Ց	Փ	Ջ	Ւ	A	Լ	Ո	Ծ	Տ
Ր	Ա	H	Մ	Ծ	Կ	Ծ	Ո	Ժ	P	A	Ւ	Ս	Ր
Ե	Ր	Ր	Լ	Ի	Բ	A	Ձ	Յ	Ճ	Խ	Մ	Ր	Շ
Շ	Դ	Ւ	Ս	Ա	Կ	Մ	Շ	Ա	Կ	Ո	Ւ	Յ	Թ
Վ	Ա	Ր	Ք	Ա	Գ	Ի	Ծ	Ֆ	Ռ	Ր	Ծ	K	Լ
Բ	Կ	Ը	Ա	Ղ	Ե	Տ	Գ	Ց	Ջ	Ո	H	Ե	H
Խ	Ա	Ն	Դ	Ը	Բ	Ւ	Շ	Կ	Է	Տ	Ա	Վ	Ղ
Ա	Ն	Ա	Ն	Մ	Ա	Հ	Ո	Ւ	Թ	Յ	Ո	Ւ	Ն

ԱՐՔԵՏԻՊ
ԱՂԵՏ
ՎԱՐՔԱԳԻԾ
ՍՏԵՂԾՈՒՄ
ԱՐԱՐԱԾ
ՄՇԱԿՈՒՅԹ
ԿԱՅԾԱԿ
ՈՒԺ
ՌԱԶՄԻԿ
ՀԵՐՈՍ
ԱՆՄԱՀՈՒԹՅՈՒՆ
ԽԱՆԴԸ
ԼԱԲԻՐԻՆԹՈՍ
ԼԵԳԵՆԴ
ԿԱԽԱՐԴԱԿԱՆ
ՀՐԵՇ
ՄԱՀԿԱՆԱՑՈՒ
ՈՐՈՏ
ՀԱՂԹԱԿԱՆ
ՎՐԵԺ

21 - Restaurant #2

Հ	Ա	Մ	Ե	Մ	Ո	Ւ	Ն	Ք	Ն	Ե	Ր	Բ	Գ
Ա	Ս	Թ	Ճ	Ժ	Մ	Ր	Գ	Ե	Ր	Ղ	Ը	Ա	Դ
Տ	Ղ	Ա	Օ	Հ	Ա	Մ	Ե	Ղ	A	Չ	Չ	Ն	Ա
Ժ	Ո	Ց	Ռ	Չ	Տ	Ա	Խ	Ջ	A	Պ	Վ	Ջ	L
Գ	Ծ	Ր	Ա	Ո	Ո	Գ	Բ	Մ	Ը	P	Յ	Ա	Ք
Հ	L	Ք	Թ	Ն	Ւ	Ձ	Ւ	Ւ	Ն	P	Հ	Ր	Փ
A	Փ	Ձ	Ո	Ւ	Ց	Յ	Ճ	H	Թ	Ծ	Ն	Ե	Ճ
Բ	Շ	Ո	Ռ	Փ	Ո	Ե	Ց	Ա	Ր	Ե	Ճ	Ղ	Օ
Ջ	Ո	Ւ	Ր	Ճ	Ղ	Կ	Ծ	Ղ	Ի	Խ	Ա	Ե	Յ
Ճ	Օ	Կ	Պ	Ա	Տ	Ա	Ռ	Ա	Ք	Ա	Ղ	Ն	Փ
Ք	Ճ	Փ	Ե	Շ	Ա	Պ	Ո	Ւ	Ր	Մ	Կ	Ե	Ղ
Ռ	Ք	Օ	Ճ	Ը	Մ	Պ	Ե	L	Ի	Ք	K	Ր	Ջ
Ի	H	H	S	E	Ծ	Ծ	Ո	Խ	Ֆ	Բ	Ի	Ս	Ճ
K	Չ	Ֆ	Գ	Ր	Ա	Գ	Ծ	A	Ժ	Մ	L	Չ	Ե

ԸՄՊԵԼԻՔ
ԱԹՈՌ
ԳԴԱԼ
ՃԱՇ
ՀԱՄԵՂ
ԸՆԹՐԻՔ
ՋՈՒՐ
ՀԱՄԵՄՈՒՆՔՆԵՐ
ՊԱՏԱՌԱՔԱՂ
ՄՐԳԵՐ
ՏՈՐԹ
ՍԱՌՈՒՅՑ
ԲԱՆՋԱՐԵՂԵՆ
ՁՈՒ
ՁՈՒԿ
ԱՂՑԱՆ
ԱՂ
ՄԱՏՈՒՑՈՂ
ԱՊՈՒՐ

22 - Avions

Շ	Մ	Ա	Ն	Հ	Ա	Ն	Գ	Ի	Ս	Տ	Թ	Ռ	Պ
Ի	Ա	Թ	Ծ	Ա	Գ	Ո	Ւ	Մ	Տ	Ջ	Բ	Վ	Ա
Ն	Ն	Ր	Ն	Փ	Ո	Ւ	Չ	Ի	Կ	Օ	Ա	Ա	Տ
Ա	Ց	Բ	Ժ	Ո	Ջ	Ղ	Տ	Հ	Յ	Դ	Ր	Ռ	Մ
Ր	Ո	Ո	Ձ	Ի	Լ	Ղ	Յ	Ն	Դ	Ա	Ձ	Ե	Ո
Ա	Ր	Խ	Ժ	A	Չ	Ո	Ջ	Օ	Կ	Չ	Ր	Լ	Ւ
Ր	Դ	Փ	Չ	Ե	Լ	Ւ	Ր	Դ	Ե	Ո	Ո	Ի	Թ
Ա	P	Կ	Ջ	Հ	Ր	Թ	Ա	Տ	Ր	Ւ	Ւ	Ք	Յ
Կ	Վ	P	Ֆ	K	Ֆ	Յ	Ծ	Ճ	Կ	Է	Թ	Մ	Ո
Ա	A	Օ	Շ	Յ	Պ	Ո	Ի	Մ	Ի	Ֆ	Յ	Խ	Ւ
Ն	Ջ	Ռ	E	Ճ	Ո	Ւ	Ն	Ւ	Ն	Ի	Ո	Ռ	Ն
Շ	Ա	Ր	Ժ	Ի	Չ	Ն	Ե	Ր	Ք	Ք	Ւ	Բ	Զ
Վ	Տ	Ա	Ն	Ձ	Ն	Ա	Կ	Ա	Զ	Մ	Ն	Ծ	Ռ
Է	Դ	Ձ	Է	E	Յ	Ա	Ր	Կ	Ա	Ծ	Ը	E	Ը

ՕԴ
ՄԹՆՈԼՈՐՏ
ՏՆԿՈՒՄ
ԱՐԿԱԾ
ՓՈՒՉԻԿ
ՎԱՌԵԼԻՔ
ԵՐԿԻՆՔ
ՇԻՆԱՐԱՐԱԿԱՆ
ԾԱԳՈՒՄ
ՈՒՂՂՈՒԹՅՈՒՆ

ԱՆՁՆԱԿԱԶՄ
ՓՉԵԼ
ԲԱՐՁՐՈՒԹՅՈՒՆԸ
ՇԱՐԺԻՉՆԵՐ
ՊԱՏՄՈՒԹՅՈՒՆ
ՋՐԱՃԻՆ
ՇԱՐԺԻՉ
ԱՆՑՈՐԴ
ՕԴԱՉՈՒ
ԱՆՀԱՆԳԻՍՏ

23 - Ville

Մ	Դ	Պ	Ր	Ո	Ց	Ւ	Թ	P	Շ	Գ	Պ	Պ	Ծ
Օ	Ա	Ե	Տ	Ջ	Ռ	Ե	Ս	Տ	Ո	Ր	Ա	Ն	Ժ
Դ	Հ	Ր	Ղ	Ծ	Չ	Յ	Ր	Գ	Ւ	Ա	Տ	Փ	Ս
Ա	Շ	Ա	Զ	Ա	Ղ	Մ	Ա	Ս	Կ	Խ	Կ	Հ	Ո
Ն	Ծ	Վ	Ց	Ա	Տ	K	Հ	Ց	Ա	Ա	Ե	Յ	Ւ
Ա	Ւ	Պ	Յ	Ի	Դ	Ո	Բ	Կ	Գ	Ն	Ր	Ո	Պ
Վ	Բ	Ա	Ն	Կ	Հ	Ա	Ւ	Է	Ր	Ո	Ա	Ւ	Ե
Ա	Մ	Բ	Ղ	Ձ	Ե	Փ	Շ	Ն	Ա	Ւ	Ս	Ր	Ր
Կ	L	Ի	Ն	Ի	Կ	Ա	H	Տ	Դ	Թ	Ր	Ա	Մ
Ա	Թ	Ա	Ն	Գ	Ա	Ր	Ա	Ն	Ա	Ա	Ա	Ն	Ա
Յ	Կ	Ը	Ս	Ո	Ս	Ի	Դ	Շ	Ր	Տ	Հ	Ո	Ր
Ա	Ի	H	Վ	Ւ	K	Ք	Ք	Ց	Ա	Ր	Շ	Ց	Կ
Ն	E	Հ	Դ	Յ	Ն	Թ	Կ	Ի	Ն	Ո	E	Ֆ	Ե
Է	Զ	Ջ	Ր	Ն	Ո	Ը	Ս	Ծ	Ֆ	Ն	Օ	E	Տ

ՕԴԱՆԱՎԱԿԱՅԱՆ
ԲԱՆԿ
ԳՐԱԴԱՐԱՆ
ՀԱՑԻ
ԿԻՆՈ
ԿԼԻՆԻԿԱ
ԴՊՐՈՑ
ԳՈՒՅՆ
ՊԱՏԿԵՐԱՍՐԱՀ
ՀՅՈՒՐԱՆՈՑ
ԳՐԱԽԱՆՈՒԹ
ՇՈՒԿԱ
ԹԱՆԳԱՐԱՆ
ԴԵՂԱՏՈՒՆ
ՌԵՍՏՈՐԱՆ
ՍՐԱՀ
ՄԱՐԶԱԴԱՇՏ
ՍՈՒՊԵՐՄԱՐԿԵՏ
ԹԱՏՐՈՆ

24 - Cuisine

Ե	Ս	Ս	Մ	Ս	Բ	Ֆ	Փ	Գ	Կ	Խ	Օ	Ք	Գ
Ր	E	Ն	E	Գ	Ա	Ս	K	Յ	Ո	Ֆ	Ց	Ջ	Դ
Թ	Հ	Ո	Զ	Ս	Ղ	Ռ	Պ	Չ	Ւ	Ւ	Ց	Հ	Ա
Ր	A	Ւ	Ռ	Է	Ա	Ի	Ն	Ո	Ժ	Ը	Ն	Փ	Լ
Ս	Ձ	Ն	Ր	Ձ	Դ	Թ	Ի	Ա	Ւ	Ջ	Գ	Դ	Ն
Շ	Գ	Դ	Շ	Ե	Ր	Ե	Փ	Ն	Ր	Ն	Ո	Դ	Ե
Գ	Ր	Ի	Լ	Ռ	Ա	Յ	Բ	Զ	Է	Ա	Գ	Ա	Ր
Թ	Գ	Ֆ	Ի	Ո	Տ	Ն	Ա	Ե	Կ	Ճ	Ն	Ն	Ձ
Կ	Տ	Զ	Ւ	Ց	Ո	Ի	Ժ	Ռ	Շ	Ժ	Ո	Ա	Գ
Օ	Ձ	Դ	Ֆ	H	Մ	Կ	Ա	Ո	Ց	H	Ց	Կ	Ջ
Ր	Կ	Լ	Ւ	Չ	Ս	Ա	Կ	Ց	Ժ	Օ	P	Ն	Պ
Ջ	Ս	Յ	Պ	Ք	Ը	Վ	Ս	Ի	Ֆ	Շ	Ք	Ե	Կ
Մ	Ա	Չ	Ո	Պ	Ս	Տ	Ի	Կ	Ն	Ե	Ր	Ր	Կ
Հ	Ա	Մ	Ե	Մ	Ո	Ւ	Ն	Ք	Ն	Ե	Ր	Ո	Հ

ՉՈՊՍՏԻԿՆԵՐ
ԳՈՒՆԴ
ԹԵՅՆԻԿ
ԴԱՆԱԿՆԵՐ
ԿՈՒԺ
ԳԴԱԼՆԵՐ
ՀԱՄԵՄՈՒՆՔՆԵՐ
ՍՊՈՒՆԳ
ՁԵՌՈՑ
ԳՐԻԼ
ՇԵՐԵՓ
ՍՆՈՒՆԴ
ԲԱՂԱԴՐԱՏՈՄՍԸ
ՍԱՌՆԱՐԱՆ
ԱՆՁԵՌՈՑԻԿ
ԳՈԳՆՈՑ
ԲԱԺԱԿ

25 - Corps Humain

Մ	Ա	Կ	Ա	Ս	Դ	Ե	Մ	Ք	Ո	Խ	Ք	Ղ	Լ
Կ	Ն	Ա	Կ	Տ	Ֆ	Տ	Օ	Բ	Ք	Տ	Շ	Ո	Ր
Զ	Կ	Շ	Ա	Ա	Մ	Չ	Դ	Զ	Ե	Ռ	Ք	Գ	Խ
Ա	Յ	Ի	Ն	Մ	Չ	Բ	Յ	E	Ա	Ր	Յ	Ա	Ն
Կ	Ո	Խ	Ջ	Ո	Ւ	Ղ	Ե	Ղ	Ն	Շ	Ա	Ժ	K
Ժ	Ւ	K	Փ	Ք	Զ	Ն	Պ	Ի	Ե	Ր	Մ	Ն	H
Գ	Ն	Փ	Ն	Ս	Կ	Զ	Ա	Բ	Խ	Թ	Մ	Ա	Ջ
Ե	Լ	Ե	Ե	Ի	Ո	Մ	Ր	Մ	Չ	Ն	Օ	Թ	Խ
Ջ	Խ	Ո	Ջ	Ւ	Ճ	Ա	Ա	Ո	Գ	Ե	Ո	Ւ	Ս
Ղ	Բ	Ց	Ւ	K	Ը	Տ	Ն	Ս	P	Ր	Ք	Փ	Կ
K	Փ	Ֆ	Ս	Խ	Ծ	Ն	Ո	Տ	Ի	Կ	Ի	Ծ	Ռ
Պ	Վ	Ջ	Ն	Հ	E	Յ	Ց	Մ	E	Ր	Թ	Ն	Բ
Դ	Ա	Ո	Ռ	Կ	Մ	Փ	Հ	Ա	K	Փ	Տ	Կ	Ք
Ծ	Ո	Չ	Ջ	Շ	A	Փ	Շ	Վ	Չ	Ա	Ե	Ի	Ֆ

ԲԵՐԱՆ
ՈՒՂԵՂ
ԿՈՃ
ՊԱՐԱՆՈՑ
ԱՆԿՅՈՒՆ
ՍԻՐՏ
ՄԱՏ
ՍՏԱՄՈՔՍԻ
ՈՒՍ
ԾՆԿԻ
ՇՐԹՆԵՐԿ
ՋԵՌՔ
ԾՆՈՏ
ԿԶԱԿ
ՔԻԹ
ԱԿԱՆՋ
ԿԱՇԻ
ԱՐՅԱՆ
ԳԼՈՒԽ
ԴԵՄՔ

26 - Épices

Վ	Պ	Ծ	Ֆ	Մ	Շ	Կ	Ը	Ն	Կ	Ո	Ւ	Յ	Զ
Ա	Ղ	Վ	Ե	Կ	Ո	Ճ	Ա	Պ	Ղ	Պ	Ե	Ղ	Ս
Ն	Պ	Շ	Ն	Զ	Փ	Ը	Ղ	Ռ	Ք	Ք	Ֆ	Ը	Ժ
Ի	Ե	Է	Ո	Ա	Դ	Է	Յ	Տ	Կ	Ս	Վ	Հ	Պ
Լ	Ղ	Պ	Ւ	Ֆ	Ն	Պ	Ա	Պ	Ր	Ի	Կ	Ա	Ց
Ա	Օ	Վ	Գ	Ր	Զ	Ի	Յ	Վ	K	Ի	Զ	Ձ	Ր
Յ	Ֆ	Զ	Ր	Ա	Ց	Ի	Ս	Դ	H	Ճ	Մ	Ք	Զ
Ի	Շ	P	Ե	Ն	Ն	Ե	Մ	Չ	Ա	Մ	Ա	Ն	Փ
Ն	Փ	Դ	Կ	Ա	Ր	Ր	Ի	Կ	Լ	Ռ	Շ	Լ	A
Ք	Օ	Ա	Հ	Ի	Լ	Թ	Թ	Ո	Ւ	Ֆ	Ը	Տ	Չ
Է	Ղ	Ր	Ա	Ա	Ս	Ա	Մ	Ի	Թ	Ս	Ս	Ո	Խ
Ֆ	Ս	Չ	Մ	Է	Մ	Հ	Ֆ	Ժ	Ս	Խ	Տ	Ո	Ր
Գ	Ը	Ի	Ը	Ծ	Ի	Ե	Է	P	Ռ	Ց	Թ	Բ	Ռ
Ւ	Պ	Ն	Մ	Տ	Ճ	Ջ	Մ	Ղ	A	Ե	Ծ	A	H

ԿՈՃԱՊՂՊԵՂ
ՄՇԿԸՆԿՈՒՅԶ
ՊԱՊՐԻԿԱ

27 - Science

Մ	Ֆ	Փ	Մ	K	Դ	Ֆ	Հ	Ա	Ն	Ա	Ծ	Ո	Հ
Ե	Ռ	Ր	Ւ	Բ	Օ	Ի	Փ	Ր	Ը	Խ	K	Փ	Ա
Ֆ	Ա	Ռ	Ձ	Կ	Ր	Չ	Տ	Կ	Հ	Ր	Պ	Ֆ	Ն
Փ	Ժ	Ո	Ռ	Լ	Գ	Ի	Վ	Ա	Տ	Ո	Մ	Ը	Ք
Ք	Ո	E	Ո	Ի	Ա	Կ	Յ	P	Ր	Պ	Բ	Ծ	Ա
Կ	Ի	Ր	Շ	Մ	Ն	Ա	Ա	Փ	Բ	Կ	Ն	Ֆ	Յ
Ց	Ր	Մ	Ձ	Ա	Ի	Ո	Լ	Է	Ո	Ռ	Ո	Զ	Ի
Ի	Հ	Ս	Ի	Մ	Զ	Պ	Ն	Ն	Ւ	Յ	Ւ	Ւ	Ն
Փ	Ա	Ս	Տ	Ա	Մ	Շ	Ե	Մ	Յ	Շ	Թ	Ա	Մ
H	Ց	Ձ	Զ	Ծ	Կ	Ւ	Ր	E	Ս	Լ	Յ	Ն	Ք
A	Ճ	Պ	Թ	Ց	E	Ա	E	Մ	Ե	Թ	Ո	Դ	Լ
Ք	Մ	Ա	Ս	Ն	Ի	Կ	Ն	Ե	Ր	Տ	Ւ	Ը	Ք
Մ	Ո	Լ	Ե	Կ	Ո	Ւ	Լ	Ն	Ե	Ր	Ն	Ձ	Ծ
Լ	Ա	Բ	Ո	Ր	Ա	Տ	Ո	Ր	Ի	Ա	Հ	Ձ	Ֆ

ԱՏՈՄ
ՔԻՄԻԱԿԱՆ
ԿԼԻՄԱ
ՏՎՅԱԼՆԵՐ
ՓՈՐՁ
ՓԱՍՏ
ՀԱՆԱԾՈ
ԼԱԲՈՐԱՏՈՐԻԱ
ՄԵԹՈԴ
ՀԱՆՔԱՅԻՆ
ՄՈԼԵԿՈՒԼՆԵՐ
ԲՆՈՒԹՅՈՒՆ
ԴԻՏԱՐԿՈՒՄ
ՕՐԳԱՆԻԶՄ
ՄԱՍՆԻԿՆԵՐ
ՖԻԶԻԿԱ
ԲՈՒՅՍԵՐ

28 - Chats

Ա	Մ	Ա	Ն	Վ	Ա	Ծ	Ք	Յ	Ռ	Գ	Խ	Ֆ	Յ
Մ	Մ	Ֆ	Թ	Ը	Ո	Ո	Վ	Ի	Ն	Ջ	Թ	O	A
Ա	Ֆ	Վ	Ա	Յ	Ր	Ի	Ե	O	Չ	Պ	Լ	Ե	Ր
Չ	Ղ	Բ	Թ	Ց	Ս	Ձ	Վ	Ա	Ր	Ճ	Ա	Լ	Ի
Կ	Ճ	Ը	Ջ	Ւ	Ո	Պ	Ա	Տ	Ռ	Ե	Լ	P	Ձ
Ո	O	Թ	Փ	Ո	Ր	Պ	Մ	Պ	Հ	Խ	Զ	Ձ	Չ
Տ	Ա	Ե	Լ	Ի	Դ	Յ	Ծ	Ձ	Ի	Բ	Փ	Վ	Ո
Ք	Ը	Ջ	Ծ	Դ	Ջ	A	Պ	Ր	Ը	Վ	Ճ	Մ	Ա
Ժ	Խ	Հ	Ե	Տ	Ա	Ք	Ր	Ք	Ր	Ա	Ս	Ե	Ր
Մ	Տ	Ք	Ն	Ե	Լ	Ա	Ռ	Խ	H	Ծ	Տ	Զ	Ա
Պ	Ո	Չ	Վ	Ը	Ւ	Ն	Խ	Ե	Ն	Թ	Վ	Ի	Գ
Ֆ	Հ	Ւ	Ք	Ր	E	Կ	A	Ժ	Ս	A	Ը	Հ	Է
Բ	Ը	Մ	Կ	Ը	Ռ	Ա	K	A	Գ	Հ	Չ	Ի	Ճ
Յ	A	Թ	Ք	Յ	Շ	Խ	Վ	E	Մ	Զ	Յ	Ծ	Պ

ՈՐՍՈՐԴ
ՀԵՏԱՔՐՔՐԱՍԵՐ
ՔՆԵԼ
ՁՎԱՐՃԱԼԻ
ՄԱՆՎԱՃՔ
ԽԵՆԹ
ՊԱՏՌԵԼ
ԱՆԿԱԽ
ԹԱԹ
ՔԻՉ
ՊՈՉ
ԱՐԱԳ
ՎԱՅՐԻ
ՄՈՒԿ
ԱՄԱՉԿՈՏ

29 - Vêtements

Բ	Լ	Ո	Ւ	Զ	Կ	Զ	Տ	Բ	Ձ	Է	Ֆ	H	Ա
Ա	Ռ	Ր	Ի	Ա	Ո	Շ	Ա	Ր	Ֆ	Դ	Ն	Ւ	Ֆ
Պ	K	Յ	Ց	Ր	Շ	Գ	Բ	Ղ	Ի	Ձ	Շ	Վ	Ք
Ա	Ի	K	Ը	Դ	Ի	Ձ	Ա	Փ	Ե	Դ	Ֆ	Վ	Ժ
Ր	A	Ժ	E	Ե	Կ	Չ	Տ	Ս	Վ	Ի	Տ	Ե	Ր
Ա	Ֆ	Ժ	Ա	Ր	Վ	Զ	Ն	Ո	Ց	H	Ո	Ր	Ց
Ն	Խ	Ծ	Տ	Մ	Ո	Ը	Գ	Գ	Ո	Տ	Ի	Ա	Փ
Ջ	Կ	Ւ	Ջ	Ի	Ա	Փ	Չ	Ե	Չ	Լ	Պ	Ր	Ղ
Ա	Տ	Ջ	Գ	Ո	Գ	Ն	Ո	Ց	Ս	Փ	Ա	Կ	Խ
Ն	Ջ	Յ	Լ	Լ	Փ	Ե	Շ	Ղ	Չ	Տ	Զ	Ո	Ա
Ւ	Ի	Ե	Ե	Ը	Խ	Բ	Ա	Ճ	Կ	Ո	Ն	Ւ	Ռ
P	Ն	Ժ	O	Ս	Ս	Ա	Ն	Դ	Ա	Լ	Ն	Ե	Ր
Ժ	Ս	Շ	Ւ	Գ	Շ	Յ	Ր	Ր	Ջ	Բ	Ե	Շ	Յ
Լ	Ծ	Մ	Գ	Ր	Ժ	Թ	Ն	Կ	Ը	A	Պ	Է	Ց

ԶԱՐԴԵՐ
ԱՊԱՐԱՆՋԱՆ
ԳՈՏԻ
ԳԼԽԱՐԿ
ԿՈՇԻԿ
ԲԼՈՒԶ
ՎԶՆՈՑ
ՇԱՐՖ
ՋԻՆՍ
ՓԵՇ
ՎԵՐԱՐԿՈՒ
ՏԱԲԱՏ
ՍՎԻՏԵՐ
ՊԻԺԱՄԱ
ԶԳԵՍՏ
ՍԱՆԴԱԼՆԵՐ
ԳՈԳՆՈՑ
ԲԱՃԿՈՆ

30 - Arts Visuels

Շ	Փ	Ա	Յ	Տ	Ա	Ծ	Ո	Ւ	Խ	Մ	Գ	Դ	P
Ա	Ա	Ֆ	Կ	P	Ռ	Լ	Պ	Ը	Բ	Է	Լ	Լ	O
Չ	Ս	Բ	Ւ	Ս	Ծ	P	Ա	Չ	Ի	H	Ո	Ո	Ճ
Չ	P	Ա	Լ	Ա	Ք	Ը	Տ	K	Ը	Գ	Ւ	Ւ	Կ
A	Հ	Է	Կ	Ո	K	Ն	Կ	Ֆ	A	Ր	Խ	Ս	Ա
Է	Ա	Ջ	Ա	Ջ	Ն	Տ	Ե	Ի	Ն	Ի	Գ	Ա	Ջ
P	Ձ	Կ	Վ	Ւ	Ռ	Ն	Ր	Լ	Կ	Չ	Ո	Ն	Մ
Կ	Ե	Ր	Ա	Մ	Ի	Կ	Ա	Մ	Ա	Ր	Ր	Կ	Ը
Մ	Ց	Ծ	Փ	Վ	A	Ա	Ն	Ք	Ր	Գ	Ծ	Ա	Ռ
E	Ա	Գ	Ս	P	Ի	Ր	Հ	Վ	Ի	Ը	Ո	Ր	Է
Ծ	Մ	Տ	Յ	Ք	Ե	Ճ	K	K	Չ	Ֆ	Ց	Բ	Չ
Փ	Ո	Ք	Ի	Դ	Ի	Մ	Ա	Ն	Կ	Ա	Ր	Մ	Դ
Ճ	Մ	K	Ժ	Տ	Ք	Ա	Ն	Դ	Ա	Կ	K	Ը	Կ
Հ	Ե	Ռ	Ա	Ն	Կ	Ա	Ր	Ն	Ք	E	Ս	Կ	Ի

ԿԱՎ
ՆԿԱՐԻՉ
ԿԵՐԱՄԻԿԱ
ՓԱՅՏԱԾՈՒԽ
ԳԼՈՒԽԳՈՐԾՈՑ
ՊԱՏԿԵՐ
ՄՈՄ
ԿԱՋՄԸ
ԿԱՎԻՃ
ՄԱՏԻՏ
ՖԻԼՄ
ՆԿԱՐ
ՀԵՌԱՆԿԱՐ
ԼՈՒՍԱՆԿԱՐ
ՇԱԲԼՈՆ
ԴԻՄԱՆԿԱՐ
ՔԱՆԴԱԿ
ԳՐԻՉ
ԼԱՔ

31 - Méditation

Չ	Տ	Ը	Բ	Դ	Խ	Ը	Հ	Կ	Շ	Է	Մ	Ժ	Ո
Շ	Ճ	Ն	Ա	Ի	Ա	Ս	Ա	Ա	Ն	Ց	Ի	Զ	Ւ
Ա	Ն	Դ	Ր	Տ	Ղ	H	Ն	Ր	Չ	Ն	Տ	Ե	Շ
Ր	Ծ	Ո	Ո	Ա	Ա	Բ	Գ	Ե	Ա	Դ	Ք	P	Ա
Ժ	Ք	Ւ	Ւ	Ր	Ղ	Ն	Ի	Կ	Ռ	Ա	Վ	Ջ	Դ
Ո	Ծ	Ն	Թ	Կ	Ո	Ո	Ս	Ց	Ո	Ծ	Ս	Հ	Ր
Ւ	Փ	Ո	Յ	Ո	Ւ	Ւ	Տ	Ա	Ւ	A	Ո	Ե	Ո
Մ	Է	Ւ	Ո	Ւ	Թ	Թ	Շ	Ն	Թ	Դ	Վ	Ռ	Ւ
Յ	Տ	Մ	Ւ	Մ	Յ	Յ	H	Ք	Յ	Բ	Ո	Ա	Թ
Ը	Ճ	Ա	Ն	Ւ	Ո	Ո	E	O	Ո	Ծ	Ր	Ն	Յ
Գ	Վ	Բ	Վ	Ե	Ւ	Ւ	Ֆ	Ը	Ւ	Տ	Ե	Կ	Ո
Բ	Ծ	Պ	O	Ո	Ն	Ն	K	Ւ	Ն	Ճ	L	Ա	Ւ
Չ	Ղ	Ե	Պ	Տ	Ր	Մ	Տ	Ք	Ե	Ր	Ը	Ր	Ն
Պ	Ա	Ր	Զ	Ո	Ւ	Թ	Յ	Ո	Ւ	Ն	Բ	H	Ճ

ԸՆԴՈՒՆՈՒՄ
ՍՈՎՈՐԵԼ
ՈՒՇԱԴՐՈՒԹՅՈՒՆ
ՀԱՆԳԻՍՏ
ՊԱՐԶՈՒԹՅՈՒՆ
ԿԱՐԵԿՑԱՆՔ
ՄԻՏՔ
ՑՆԴԱԾ
ԲԱՐՈՒԹՅՈՒՆ
ՄՏԱՎՈՐ
ՇԱՐԺՈՒՄ
ԲՆՈՒԹՅՈՒՆ
ԴԻՏԱՐԿՈՒՄ
ԽԱՂԱՂՈՒԹՅՈՒՆ
ՄՏՔԵՐԸ
ՀԵՌԱՆԿԱՐ
ՇՆՉԱՌՈՒԹՅՈՒՆ

32 - Littérature

Բ	P	Թ	Յ	Գ	Ս	Ջ	Ն	Ա	Ւ	Կ	Ս	Ֆ	Ռ
Ա	Վ	Ե	Պ	Ե	Ռ	Ի	Թ	Մ	E	Հ	Ք	H	Թ
Ն	Թ	Մ	Կ	Ղ	Ա	Ս	Ֆ	Ժ	Ը	Ո	Ճ	Ա	Ց
Ա	Պ	Ա	Ֆ	Ա	Ճ	Ն	Օ	Դ	Ա	Գ	Ա	Ս	Ս
Ս	Ա	Ն	Կ	Ր	Բ	Ի	Ա	Ս	Ւ	Ն	Շ	Ի	Պ
Տ	Տ	Ե	Ա	Վ	Ւ	Ղ	Ֆ	Լ	Ե	Ջ	Ր	Ք	Տ
Ե	Մ	Կ	Ր	Ե	Հ	Ա	Ն	Գ	Ո	Ձ	Ժ	Ճ	Յ
Ղ	Ո	Դ	Ծ	Ս	Կ	P	Պ	Է	Ձ	Գ	Տ	Ֆ	Հ
Ծ	Ղ	Ո	Ի	Տ	Լ	Ք	Թ	Կ	Ց	Ւ	Ի	Ր	Ե
Ա	Գ	Տ	Ք	Ա	Ի	Ո	Ց	P	Ը	Բ	Ժ	Ա	Ղ
Կ	Ձ	Յ	Փ	Կ	Գ	Հ	Տ	Գ	Մ	Թ	Գ	P	Ի
Ա	Ջ	H	Պ	Ա	P	A	Չ	P	Հ	Ռ	Բ	Շ	Ն
Ն	Ժ	Օ	Ք	Ն	Ծ	Ջ	Մ	Հ	Ջ	Փ	Ծ	Ը	Ա
Ե	Ր	Կ	Խ	Ո	Ս	Ո	Ւ	Թ	Յ	Ո	Ւ	Ն	Կ

ԱՆԱԼՈԳԻԱ
ԱՆԵԿԴՈՏ
ՀԵՂԻՆԱԿ
ԵՐԿԽՈՍՈՒԹՅՈՒՆ
ԳԵՂԱՐՎԵՍՏԱԿԱՆ
ԺԱՆՐ
ՊԱՏՄՈՂ

ԿԱՐԾԻՔ
ԲԱՆԱՍՏԵՂԾԱԿԱՆ
ՀԱՆԳ
ՎԵՊ
ՌԻԹՄ
ՈՃ
ԹԵՄԱ

33 - Nourriture #1

Ս	Խ	Տ	Ո	Ր	Ժ	Հ	Յ	Ո	Ւ	Թ	Ե	Ծ	Կ
Ա	Պ	Մ	Ի	Ս	K	Ճ	Ռ	Խ	Բ	Ջ	Լ	Ժ	Ա
Պ	Յ	Ա	Ո	Ն	Թ	Ջ	Ֆ	Ր	K	Փ	Ա	Ս	Թ
Ո	Ռ	Ը	Ն	Չ	Չ	K	Թ	Ճ	H	Ց	Կ	Տ	Ր
Ւ	Ռ	Տ	Ճ	Ա	Ք	Փ	Ո	Ը	K	Ք	Ռ	Ա	Ա
Ր	Ե	Ծ	Չ	Ժ	Խ	Լ	Ւ	Շ	Ա	Ղ	Գ	Ա	Մ
P	Հ	Դ	Ա	Ր	Չ	Ի	Ն	Ր	Ս	Ղ	Ժ	Կ	Է
Ֆ	Ա	Ղ	Շ	Գ	Ա	Ջ	Ա	Ր	Ո	Դ	Ձ	Ի	O
Ժ	Ն	Կ	Ա	Ա	E	Ղ	Ա	Խ	Խ	E	E	Տ	Է
Ժ	Կ	Բ	Ք	Ր	Տ	Չ	Ց	Տ	Ա	Ն	Ձ	Ր	Տ
Վ	Ք	O	Ա	Ի	Ւ	Հ	Ց	Ա	Ք	Մ	Ւ	Ո	Ռ
Ս	Ո	Ւ	Ր	Ճ	Ր	Ք	O	Է	Ն	Ե	A	Ն	K
Ղ	P	Ջ	Ժ	Դ	Լ	Բ	Ե	Ռ	Ա	Պ	Վ	Մ	Ն
Ն	Ս	Ց	Դ	Ե	Փ	Տ	Յ	Է	Յ	Ղ	Թ	Կ	Թ

ՍԽՏՈՐ
ՌԵՀԱՆ
ՍՈՒՐՃ
ԴԱՐՉԻՆ
ԳԱՋԱՐ
ԿԻՏՐՈՆ
ՍՊԱՆԱԽ
ԵԼԱԿ
ՀՅՈՒԹ
ԿԱԹ
ՇԱՂԳԱՄ
ՍՈԽ
ԳԱՐԻ
ՏԱՆՁ
ԱՂՑԱՆ
ԱՂ
ԱՊՈՒՐ
ՇԱՔԱՐ
ԹՈՒՆԱ
ՄԻՍ

34 - Jours et Mois

Ե	Օ	Մ	Ա	E	Հ	Ի	Ն	Գ	Շ	Ա	Բ	Թ	Ի
Ր	Ր	Ձ	Օ	Գ	Ո	Ս	Տ	Ո	Ս	Պ	Թ	Է	Ֆ
Կ	Ա	Ե	E	P	Ւ	Մ	Ֆ	Կ	Ի	Ր	Ա	Կ	Ի
Ո	Ց	Ժ	Ք	Ս	Ն	Փ	Ա	Պ	P	Ի	Կ	Դ	Ս
Ւ	Ո	Բ	Ժ	Շ	Վ	Դ	Հ	Ր	Հ	Լ	Ջ	Ե	Ե
Շ	Ւ	Գ	Ջ	K	Ա	Փ	A	Է	Տ	Ո	Ն	Կ	Պ
Ա	Յ	A	P	Ռ	Ր	Բ	Ե	Ձ	Չ	Ր	Ո	Տ	Տ
Բ	Ց	Շ	P	Լ	Ժ	Ռ	Թ	Տ	Հ	Է	Ւ	Ե	Ե
Թ	Ղ	Ա	Մ	Ի	Ս	Ւ	Փ	Ի	Ր	Ս	Ր	Մ	Մ
Ի	Ծ	Բ	Հ	Ո	Ւ	Ն	Ի	Ս	Ւ	Վ	Բ	Բ	Բ
Ջ	Ե	Ա	Ն	Ո	Յ	Ե	Մ	Բ	Ե	Ր	Ա	Ե	Ե
Ե	Կ	Թ	Հ	Ո	Ւ	Լ	Ի	Ս	Չ	Ա	Թ	Ր	Ր
E	Չ	Ո	Ր	Ե	Ք	Շ	Ա	Բ	Թ	Ի	Ծ	Լ	Յ
Հ	Ո	Կ	Տ	Ե	Մ	Բ	Ե	Ր	Յ	Դ	Վ	Գ	Բ

ՕԳՈՍՏՈՍ
ԱՊՐԻԼ
ՕՐԱՑՈՒՅՑ
ԴԵԿՏԵՄԲԵՐ
ԿԻՐԱԿԻ
ՓԵՏՐՎԱՐ
ՀՈՒՆՎԱՐ
ՀԻՆԳՇԱԲԹԻ
ՀՈՒԼԻՍ
ՀՈՒՆԻՍ
ԵՐԿՈՒՇԱԲԹԻ
ԵՐԵՔՇԱԲԹԻ
ՄԱՐՏ
ՉՈՐԵՔՇԱԲԹԻ
ԱՄԻՍ
ՆՈՅԵՄԲԵՐ
ՀՈԿՏԵՄԲԵՐ
ՇԱԲԱԹ
ՍԵՊՏԵՄԲԵՐ
ՈՒՐԲԱԹ

35 - Championnat

Ց	Թ	Խ	Ե	Ճ	Ն	Չ	Ե	L	Փ	Ա	Ղ	Վ	Տ
Խ	Ծ	Փ	Ջ	Ժ	Վ	Ե	Զ	Յ	Ղ	Մ	Է	Տ	Ջ
Ղ	Ա	Յ	Ը	Դ	Ե	Մ	Յ	P	Ա	Ե	Ն	Ո	Ա
Կ	Ն	Ղ	Զ	A	Ձ	Պ	Հ	Ղ	Ռ	Ֆ	Ղ	Կ	Պ
Ս	Խ	Ե	Ե	E	Ր	Ի	Ա	Թ	Ա	Մ	H	Ո	Տ
H	Պ	Մ	Ր	Ր	Ա	Ո	Ղ	Ճ	Ջ	Վ	Ժ	Ւ	H
Գ	E	Ո	L	Կ	Փ	Ն	Թ	Ր	Ն	Ձ	Ճ	Ն	Թ
Մ	Մ	Տ	Ր	Դ	Ա	Տ	Ա	Վ	Ո	Ր	Ա	Ո	Ի
Ր	Ե	Ի	Մ	Տ	Կ	Յ	Ն	Զ	Ւ	Ց	K	Ւ	Մ
Ց	Դ	Վ	P	A	Ի	Ր	Ա	Ս	Թ	Ր	Ւ	Թ	Ա
Ա	Ա	Ա	Ք	H	Չ	Կ	Կ	Ց	Յ	Ծ	Ձ	Յ	Ր
Ճ	L	Ց	Ք	Ր	Տ	Ի	Ն	Ք	Ո	Ո	Ռ	Ո	Ձ
Ա	Ը	Ի	L	Ի	Գ	Ա	Ն	Զ	Ւ	Ւ	Փ	Ւ	Ի
Ր	Ւ	Ա	Վ	K	Կ	Հ	Գ	Ն	Ն	Ե	Մ	Ն	Չ

ՉԵՄՊԻՈՆ
ԱՌԱՋՆՈՒԹՅՈՒՆ
ՏՈԿՈՒՆՈՒԹՅՈՒՆ
ՄԱՐԶԻԿ
ԹԻՄ
ԵԶՐԱՓԱԿԻՉ
ԽԱՂԵՐ
ԴԱՏԱՎՈՐ
ԼԻԳԱ
ՄԵԴԱԼ
ՄՈՏԻՎԱՑԻԱ
ՆԵՐԿԱՅԱՑՈՒՄ
ՇՆՉԵԼ
ՍՊՈՐՏ
ՄՐՑԱՇԱՐ
ՔՐՏԻՆՔ
ՀԱՂԹԱՆԱԿ

36 - Pirates

Մ	Բ	H	Ը	Է	Է	Ծ	Օ	Ե	P	Օ	Թ	Ռ	Ձ
Ժ	Բ	Շ	Ք	Տ	Պ	Ե	Վ	Ժ	Յ	A	Ր	Ո	Փ
Ա	Փ	Ա	Ն	Ձ	Ն	Ա	Կ	Ա	Զ	Մ	Ջ	Ւ	Լ
Ր	Ւ	A	Խ	Ս	Ւ	Ա	Ի	Ը	E	Ճ	Ն	Մ	Ք
Կ	Վ	Կ	Ա	Պ	Ի	Տ	Ա	Ն	Խ	Ի	Ի	Ն	Ա
Ա	Ա	Տ	Խ	Ի	Ֆ	Վ	Ն	Լ	Ո	Ղ	Ա	Փ	Ր
Ծ	Տ	Ի	Ա	Տ	Վ	Խ	Ո	Ե	K	Բ	Զ	Ք	Ա
Ր	H	H	Ր	Ն	Շ	Ր	Ս	Գ	P	Տ	Ք	Ա	Ն
Ո	Ս	Կ	Ի	Ծ	Գ	Ք	P	Ե	Ս	Ո	Ւ	Ր	Ձ
Շ	E	Շ	Ս	Կ	Ղ	Զ	Ի	Ն	Գ	Խ	Ֆ	Տ	Ա
P	H	Օ	Խ	Ծ	Ւ	Ե	Ծ	Դ	Ծ	Ա	Ո	Ե	Վ
Ծ	H	Թ	Ո	Ւ	Թ	Ա	Կ	Ր	Չ	Ք	Ն	Զ	Չ
Տ	A	Օ	Ի	Փ	Ը	Թ	P	Ո	Ձ	Գ	Ա	Ձ	Ղ
Տ	Բ	Հ	K	Զ	Ո	Օ	Ց	Շ	Մ	Լ	Ր	Չ	Ք

ԽԱՐԻՍԽ
ԱՐԿԱԾ
ԿԱՊԻՏԱՆ
ՔԱՐՏԵԶ
ՍՊԻ
ՎՏԱՆԳ
ԴՐՈՇ
ՍՈՒՐ
ԱՆՁՆԱԿԱԶՄ
ՔԱՐԱՆՁԱՎ
ԿՂԶԻ
ԼԵԳԵՆԴ
ՎԱՏ
ՕՎԿԻԱՆՈՍ
ՈՍԿԻ
ԹՈՒԹԱԿ
ԼՈՂԱՓ
ՌՈՒՄ
ԳԱՆՁ

37 - Activités

Ճ	Կ	Մ	Ը	Ց	Պ	Ա	Ր	Մ	Ծ	Ն	Կ	Թ	Փ
Ջ	Ա	Ա	Գ	Ճ	Ի	Ր	Մ	Ղ	E	Կ	Ա	Ո	O
Է	Ր	Հ	Ր	E	Ր	Հ	Է	Հ	Ը	Ա	Խ	Ի	Ք
Ղ	Վ	Մ	Ե	Ի	Ս	Ե	Ծ	Ա	Ն	Ր	Ա	L	O
Խ	Ե	Տ	K	Ր	Ֆ	Ս	Ե	Ճ	Թ	Չ	Ր	Ա	Պ
Ա	Ս	Ո	Ր	Ս	Ը	Տ	P	Ո	Ե	Ո	Դ	Ց	Ե
Ղ	Տ	Ի	Խ	Ո	Դ	Ն	Կ	Ի	Ր	Ի	Ա	Ո	Ր
Ե	Ճ	Թ	K	Չ	H	Ե	Ե	Յ	Ց	Թ	Կ	Ի	Ո
Ր	Ց	Յ	Ճ	Է	Թ	Ր	Ր	Ք	Ո	Յ	Ա	Մ	Ժ
E	Ա	Ո	Ժ	Մ	K	Պ	Ա	Յ	Ի	Ո	Ն	Մ	Յ
Ռ	Ր	Ի	P	Ճ	Բ	Է	Մ	Դ	Մ	Ի	A	Ձ	Է
O	Ջ	Ն	Ծ	Ֆ	Ձ	Ջ	Ի	H	Թ	Ն	Ո	Գ	Ն
Ա	Ր	Ճ	Ա	Վ	Տ	Ձ	Կ	Ն	Ո	Ր	Ս	Ռ	Ա
Ճ	Փ	Բ	K	O	Ը	L	Ա	P	Թ	Ժ	Փ	E	Վ

ԱՐՎԵՍՏ
ԱՐՀԵՍՏՆԵՐ
ԱՐՃԱՎ
ԿԵՐԱՄԻԿԱ
ՈՐՍ
ՀՄՏՈՒԹՅՈՒՆ
ԿԱՐԻ
ՊԱՐ
ՃԱՀԵՐԸ
ԽԱՂԵՐ
ԸՆԹԵՐՑՈՒՄ
ԿԱԽԱՐԴԱԿԱՆ
ՆԿԱՐՉՈՒԹՅՈՒՆ
ՁԿՆՈՐՍ
ՀԱՃՈՒՅՔ
ԹՈՒԼԱՑՈՒՄ

38 - Fleurs

Ա	Դ	Ձ	Ւ	Ք	P	Օ	Ս	Խ	Ժ	Զ	Փ	Շ	Ե
Գ	Դ	Ա	Ն	Դ	Ե	L	Ի	Ո	Ն	A	Ո	Ծ	Ֆ
Վ	Ա	Ր	Դ	Ւ	Ս	Ճ	Ձ	Ր	Ո	S	Ւ	H	Հ
Հ	Ր	Ր	P	Յ	Կ	K	Ռ	Հ	Ն	Ը	Ն	Ց	Ա
Թ	Ե	Ր	Դ	L	Չ	Ք	Է	Ա	Ս	P	Ջ	P	Ս
Ց	Ւ	Ը	Ս	Ե	Մ	P	Ն	Ս	Օ	E	Ր	Ծ	Յ
H	Ա	Ո	Յ	Թ	Ն	Ժ	Ֆ	Մ	Ր	Վ	Գ	Ց	Ծ
Չ	Ծ	Ւ	Մ	Ռ	Ղ	Յ	Բ	Ի	Խ	L	Ե	Զ	Ճ
Մ	Ա	Գ	Ն	Ո	L	Ի	Ա	Կ	Ի	Դ	Ե	Ձ	Ի
Շ	Ղ	Ն	Ա	Ր	Դ	Ո	Ս	Ջ	Դ	Ծ	Ք	Կ	Ձ
Հ	Ի	Բ	Ի	Ս	Կ	Ո	Ւ	Ս	S	E	Պ	Ա	Ո
E	Կ	Ր	Ե	Ր	Ե	Ք	Ն	Ո	Ւ	Կ	Ի	Կ	Մ
Օ	Ճ	H	Դ	Ք	Ո	Ս	Ձ	K	Ղ	Ս	Ո	Ա	Կ
Փ	Է	L	Յ	Ց	Ժ	Կ	Չ	Օ	Չ	Խ	Ն	Չ	H

ՓՈՒՆՋ
ԳԱՐԴԵՆՅԱ
ՀԻԲԻՍԿՈՒՍ
ՀԱՍՄԻԿ
ՆԱՐԴՈՍ
ՄԱԳՆՈԼԻԱ
ԴԵՁԻ
ՕՐԽԻԴ
ԹԵՐ
ԴԱՆԴԵԼԻՈՆ
ՊԻՈՆ
ՎԱՐԴ
ԱՐԵՒԱԾԱՂԻԿ
ԵՐԵՔՆՈՒԿ
ԿԱԿԱՉ

39 - Nourriture #2

Ն	Խ	Օ	Ո	Ս	Մ	Բ	Ո	Ւ	Կ	Է	Լ	Վ	Ո
Ե	Ա	K	E	Ը	Ր	Ա	Ր	Ց	Ս	Կ	Ի	Վ	Ի
Խ	Ղ	Ը	Ռ	Զ	Թ	Լ	Հ	Ո	Լ	Ո	Լ	Ի	Կ
Ո	Ո	Ձ	Ց	Չ	Չ	Փ	K	Ր	Կ	Ճ	Լ	Յ	Դ
Ւ	Ղ	Գ	Մ	Յ	Ֆ	Պ	Գ	Ե	Ւ	Կ	Ձ	Ժ	H
Ր	Ջ	P	Ը	Ֆ	Է	Լ	Ֆ	Ն	Ջ	Ծ	Ո	Ֆ	Տ
Մ	Զ	Ո	Ճ	Ր	Զ	Բ	Ր	Ի	Ն	Ձ	Հ	Լ	Ն
Ն	Ա	Տ	Ղ	Շ	H	Խ	Ձ	Ո	Ւ	Հ	Ա	Վ	Ի
Տ	Ո	Ն	Ս	Ո	Ւ	Ն	Կ	Շ	Ի	Բ	Ց	Ո	Չ
Է	Ջ	Ւ	Գ	Կ	Ճ	Ձ	Հ	Բ	Պ	Շ	A	Ա	Դ
Խ	Ն	Օ	Շ	Ո	Խ	Ո	Զ	Ա	Պ	Ո	Ւ	Խ	Տ
Ժ	Մ	Թ	Ժ	Լ	Ձ	Ր	Ձ	Ն	Ձ	Ո	Ւ	Կ	Թ
Շ	Վ	Չ	Ց	Ա	Բ	Փ	Բ	Ա	H	Փ	Լ	Լ	Ճ
Ժ	Ռ	Թ	Է	Դ	A	Թ	Ֆ	Ն	Մ	Ե	Օ	Ժ	Ր

ՆՈՒՇ
ՍՄԲՈՒԿ
ԲԱՆԱՆ
ՑՈՐԵՆ
ԲՐՈԿԿՈԼԻ
ԲԱԼ
ՆԵԽՈՒՐ
ՍՈՒՆԿ
ՇՈԿՈԼԱԴ
ԽՈԶԱՊՈՒԽՏ

ԿԻՎԻ
ՄԱՆԳՈ
ՁՈՒ
ՀԱՑ
ՁՈՒԿ
ԽՆՁՈՐ
ՀԱՎ
ԽԱՂՈՂ
ԲՐԻՆՁ
ԼՈԼԻԿ

40 - Océan

Ք	Մ	Տ	Օ	Ձ	Ա	Ձ	Ո	Ւ	Կ	Թ	Ս	Բ	Ա
Օ	Ղ	Ղ	Ի	Մ	Ե	Դ	Ո	Ւ	Զ	Ա	A	Փ	Լ
Ծ	Փ	Շ	Կ	Դ	Ձ	Ո	Ւ	Կ	Մ	Ղ	Ե	Տ	Ի
Թ	Ո	Ս	Ր	Ե	Ե	Թ	Ժ	Ե	Օ	Գ	Ո	Ս	Ք
Ա	Թ	Վ	Ն	Ջ	Խ	Ս	Ս	Տ	H	Լ	Ջ	Պ	Ն
A	Ո	Ա	Ա	Ն	Ր	Ջ	Ղ	Է	Ց	Տ	Փ	Ո	Ե
Ց	Ր	Հ	Վ	Խ	Ռ	Ի	Դ	Է	Ժ	P	P	Ւ	Ր
H	Ի	Ա	Ա	Ո	Ե	P	Մ	Վ	Կ	Զ	A	Ն	Ժ
Ն	Կ	E	Կ	Թ	Լ	Ց	Պ	Ո	Ժ	Ջ	Թ	Գ	Ձ
Ե	Ո	Դ	Կ	Ջ	Ի	Ր	Գ	Զ	Ւ	Ղ	Ո	Ք	Ֆ
Լ	Ը	Ժ	Վ	Ծ	Ե	Թ	Ր	Ե	Վ	Ռ	Ւ	Լ	Ե
A	Չ	Ը	Ք	Ձ	Ֆ	Յ	E	Հ	Տ	Շ	Ն	Ա	Ձ
Ո	Ւ	Թ	Ո	Տ	Ն	Ո	Ւ	Կ	Ր	Ի	Ա	Ե	Է
Կ	Ո	Ր	Ա	Լ	Դ	Ե	Լ	Ֆ	Ի	Ն	Ն	Ղ	Ր

ՋՐԻՄՈՒՌՆԵՐ
ՕՁԱՁՈՒԿ
ԿԵՏ
ՆԱՎԱԿ
ԿՈՐԱԼ
ԾՈՎԱԽԵՑԳԵՏԻՆ
ԴԵԼՖԻՆ
ՍՊՈՒՆԳ
ՈՍՐԵ
ՏԻԴԵՍ
ՄԵԴՈՒԶԱ
ՁՈՒԿ
ՈՒԹՈՏՆՈՒԿ
ՇՆԱՁ
ՌԵԼԻԵՖ
ԱՂ
ՓՈԹՈՐԻԿ
ԹՈՒՆԱ
ԿՐԻԱ
ԱԼԻՔՆԵՐ

41 - Remplir

Բ	Տ	Չ	P	Ճ	P	Ճ	Ո	Մ	Տ	Ժ	Կ	Ձ	Դ
Յ	Շ	Ս	Ա	Փ	Ա	Թ	Ե	Թ	Վ	Թ	Հ	Գ	Ո
Ր	Յ	Ռ	Խ	Օ	Ր	Մ	Թ	Պ	Ը	Ն	A	Վ	Ւ
Վ	Չ	Ջ	Ձ	Ո	Կ	Ի	Պ	Շ	Զ	Է	A	Գ	Յ
Յ	Կ	Կ	Ն	Ա	Ղ	Գ	Ե	Ր	Ծ	Ր	Ա	Ր	Լ
Պ	Զ	Ժ	Ճ	H	Զ	Ո	Ո	Յ	Ո	Զ	Լ	Պ	Ծ
Ջ	Ա	Գ	Զ	Ր	Ո	Ց	Վ	Խ	Ռ	Ւ	Զ	Ա	Ա
Ջ	Մ	Յ	Թ	Ղ	Թ	Ա	Պ	Ա	Ն	Ա	Կ	Ն	Ղ
Լ	Բ	Ւ	Ո	K	Ս	Տ	Ն	Դ	Կ	Բ	Ց	Շ	Կ
Զ	Յ	A	Ն	Ւ	Ձ	Ա	Խ	Վ	Ե	Ֆ	Է	Ի	Ա
Ծ	Ո	Խ	Ժ	Գ	Ս	Կ	Ո	Ւ	Տ	Ե	Ղ	Շ	Մ
Չ	Ւ	A	Յ	Թ	Ա	Ա	Ծ	Օ	Վ	Ք	Փ	Ը	Ա
E	Ղ	P	Ս	Ւ	Ս	Ռ	Կ	A	Գ	Ց	Ի	Ղ	Ն
Ծ	Ռ	Ջ	Կ	Դ	H	Չ	Ջ	Ո	Տ	Ա	A	Ջ	H

ՏԱԿԱՌ
ԱՐԿՂ
ՇԻՇ
ԹՂԹԱՊԱՆԱԿ
ԾՐԱՐ
ԶԱՄԲՅՈՒՂ
ՓԱԹԵԹ
ՍԿՈՒՏԵՂ
ԳՐՊԱՆ
ՊԱՅՈՒՍԱԿ
ԴՈՒՅԼ
ԳԶՐՈՑ
ԽՈՂՈՎԱԿ
ՃԱՄՊՐՈՒԿ
ԾԱՂԿԱՄԱՆ

42 - Ballet

Պ	Չ	Բ	Է	Ը	Ե	Պ	Շ	Ի	Ս	Ֆ	Ղ	Գ	Կ
Ր	Լ	Օ	Խ	Ո	Ր	Ե	Ո	Գ	Ր	Ա	Ֆ	Ի	Ա
Ա	Ր	Տ	Ա	Հ	Ա	Յ	Տ	Ի	Չ	Ֆ	Ի	Ս	Հ
Կ	Ս	Կ	Ժ	H	Ժ	Փ	Ո	Ր	Ձ	Ռ	Ի	Թ	Մ
Տ	Տ	Ո	P	Օ	Շ	Լ	Ծ	Մ	Վ	Ժ	Ծ	Պ	Տ
Ի	Ե	Մ	Լ	K	Տ	Ձ	Ս	Կ	Փ	Ե	Մ	Ա	Ո
Կ	Խ	Պ	H	Ո	Ո	Ո	P	Ա	Բ	Ս	Թ	Ր	Ւ
Ա	Ն	Ո	Ն	Է	Ւ	Ե	Յ	Ն	Ր	Տ	Ժ	Ո	Թ
Գ	Ի	Ձ	Վ	Ն	Թ	Ժ	Ջ	Ն	Ը	Ա	Պ	Ղ	Յ
Շ	Կ	Ի	E	H	Յ	Ւ	Տ	Ե	Ա	Ե	Ն	Ն	Ո
Ո	Ա	Տ	Խ	Ն	Ո	Ղ	Տ	Ր	Բ	Ք	Ց	Ե	Ւ
Հ	Ո	Ո	Ձ	Ռ	Ւ	Լ	Մ	Ւ	Ո	Ճ	Պ	Ր	Ն
Ծ	Չ	Ր	Ն	Լ	Ն	Բ	Ա	Լ	Ե	Ր	Ի	Ն	Ա
Գ	Ե	Ղ	Ա	Ր	Վ	Ե	Ս	Տ	Ա	Կ	Ա	Ն	Ժ

ԳԵՂԱՐՎԵՍՏԱԿԱՆ
ԲԱԼԵՐԻՆԱ
ԽՈՐԵՈԳՐԱՖԻԱ
ՀՄՏՈՒԹՅՈՒՆ
ԿՈՄՊՈԶԻՏՈՐ
ՊԱՐՈՂՆԵՐ
ԱՐՏԱՀԱՅՏԻՉ
ԺԵՍՏ
ՄԿԱՆՆԵՐ
ԵՐԱԺՇՏՈՒԹՅՈՒՆ
ՊՐԱԿՏԻԿԱ
ԼՍԱՐԱՆ
ՓՈՐՁ
ՌԻԹՄ
ՍՈԼՈ
ՈՃ
ՏԵԽՆԻԿԱ

43 - Fruit

Ն	Ե	Կ	Տ	Ա	Ր	Ի	Ն	Ծ	Ճ	Ջ	Զ	Հ	Տ
Խ	Ջ	Ի	Մ	Ա	Ն	Գ	Ո	Պ	Ի	Ա	Ծ	P	Ա
Ա	O	Տ	Գ	Ն	Չ	A	Ս	Կ	Ի	Ր	Բ	Ե	Ն
Ղ	Հ	Ր	Չ	Բ	Ե	Ի	Ս	Լ	Յ	Ը	Ա	Ա	Ձ
Ո	Գ	Ո	Ւ	Ա	Վ	Ա	H	O	O	Հ	Լ	Ն	Ժ
Ղ	Թ	Ն	Ա	Զ	Ն	Վ	Ա	Մ	Ո	Ր	Ի	Ր	Խ
Ա	Ր	Ք	Ա	Յ	Ա	Խ	Ն	Ձ	Ո	Ր	Ս	Ւ	Ն
K	Բ	Ը	Զ	Ք	Թ	Շ	Բ	O	P	Դ	Ե	Ղ	Ձ
Հ	Ա	Տ	Ա	Պ	Տ	Ո	Ւ	Ղ	Կ	Ի	Վ	Ի	Ո
Շ	Ն	Վ	Ժ	Ա	Շ	Ի	Ւ	Պ	Գ	Ր	Շ	Չ	Ր
Ձ	Ա	Խ	Հ	Պ	Ջ	Չ	K	Զ	E	Ե	Ւ	Գ	Ց
Ս	Ն	Մ	Ն	Ա	Ր	Ն	Ջ	Ա	Գ	Ո	Ւ	Յ	Ն
Տ	Ե	O	E	Յ	Ա	Վ	Ո	Կ	Ա	Դ	Ո	Յ	Ձ
Ճ	Չ	Խ	P	Ա	Պ	Խ	Ղ	Պ	Մ	H	Ռ	E	Ճ

ԾԻՐԱՆ
ԱՐՔԱՅԱԽՆՁՈՐ
ԱՎՈԿԱԴՈ
ՀԱՏԱՊՏՈՒՂ
ԲԱՆԱՆ
ԲԱԼ
ԿԻՏՐՈՆ
ԹՈՒԶ
ԱԶՆՎԱՄՈՐԻ
ԳՈՒԱՎԱ

ԿԻՎԻ
ՄԱՆԳՈ
ՍԵԽ
ՆԵԿՏԱՐԻՆ
ՆԱՐՆՋԱԳՈՒՅՆ
ՊԱՊԱՅԱ
ԴԵՂՁ
ՏԱՆՁ
ԽՆՁՈՐ
ԽԱՂՈՂ

44 - Surf

Ե	Մ	Ձ	Չ	H	Խ	Ձ	Ո	Դ	Ի	Մ	Շ	Ճ	Կ
Բ	Ծ	Կ	Չ	Ե	Ս	Տ	Ա	Մ	Ո	Ք	Ս	Ի	Տ
A	Ա	Լ	Ի	Ք	Ս	Կ	Ղ	Ւ	Է	Հ	Թ	Ո	Ծ
Փ	Յ	Զ	Ջ	Լ	Լ	Ի	Ս	Լ	Ո	Ղ	Ա	Փ	Ճ
Ր	Ր	Ո	Մ	Ա	Ղ	Ց	Ճ	Ն	Լ	Ո	Ղ	Ա	Լ
Փ	Ա	Ե	Ֆ	Ո	Ւ	Ժ	Ա	Մ	Ա	Ն	Ց	Ռ	Է
Ո	Հ	Ժ	Մ	P	Ւ	Ր	Չ	Լ	Վ	Կ	Զ	Ե	Տ
Ւ	Ե	Պ	Զ	Հ	Ֆ	Թ	A	Ս	Լ	Գ	Ո	Լ	Ը
Ր	Ղ	Պ	Տ	Օ	Ո	Վ	Յ	Մ	Ա	Ր	Զ	Ի	Կ
Ե	Ղ	Ա	Ն	Ա	Կ	Ղ	Շ	Ո	Կ	Ւ	Ֆ	Ե	H
Չ	Ե	Մ	Պ	Ի	Ո	Ն	Ց	Ն	Ւ	Փ	Ս	Ֆ	Չ
Հ	Ա	Ն	Ր	Ա	Ճ	Ա	Ն	Ա	Չ	Ն	Չ	Պ	Ջ
Օ	Վ	Կ	Ի	Ա	Ն	Ո	Ս	Ղ	Շ	Ւ	Ը	Պ	Բ
Ա	Ր	Ա	Գ	Ո	Ւ	Թ	Յ	Ո	Ւ	Ն	Գ	Է	Յ

ԺԱՄԱՆՑ
ՄԱՐԶԻԿ
ՉԵՄՊԻՈՆ
ՍԿՍՆԱԿ
ՍՏԱՄՈՔՍԻ
ԾԱՅՐԱՀԵՂ
ՈՒԺ
ԲԱԶՄՈՒԹՅՈՒՆԸ
ԵՂԱՆԱԿ

ՓՐՓՈՒՐ
ԼՈՂԱԼ
ՕՎԿԻԱՆՈՍ
ԼՈՂԱՓ
ՀԱՆՐԱՃԱՆԱՉ
ՌԵԼԻԵՖ
ՈՃ
ԱԼԻՔ
ԱՐԱԳՈՒԹՅՈՒՆ

45 - Technologie

Ի	Յ	Յ	Բ	Շ	Ֆ	Ֆ	Ք	Ֆ	Չ	H	Հ	Թ	L
Չ	Ն	Ղ	E	Է	Կ	Ր	Ա	Ն	L	Դ	Ա	Գ	Ն
Թ	Ք	Տ	Վ	Ա	Ւ	Ո	Բ	Յ	Բ	Ժ	Մ	Հ	A
Ւ	Վ	E	Ե	Ե	Ս	Մ	Ա	Բ	L	Վ	Ա	Ծ	Ռ
Ծ	Ր	Ա	Գ	Ր	Ե	Ր	Յ	Ր	Ո	Ի	Կ	Տ	Ա
Ո	Ւ	Թ	Յ	Յ	Ն	Ո	Տ	Ա	Գ	Ր	Ա	Ե	Ժ
Ց	Ո	Ւ	Ց	Ի	Չ	Ե	Ք	Ո	Խ	Տ	Ր	Ս	Ջ
Է	Դ	Ճ	Ո	Վ	Ն	Ռ	Տ	Ւ	Փ	Ո	Գ	Ա	Ո
Տ	Վ	Յ	Ա	L	Ն	Ե	Ր	Ջ	H	Ւ	Ի	Խ	Շ
Վ	Ի	Ր	Ո	Ւ	Ս	Կ	Շ	Ե	Ւ	Ա	Չ	Ց	Ե
Փ	K	Ժ	Ը	Ջ	Պ	L	O	Ր	Ձ	L	K	Ի	Վ
Տ	Ա	Ռ	Ա	Տ	Ե	Ս	Ա	Կ	H	Պ	Ս	Կ	Ժ
Ւ	Ձ	Ճ	Ֆ	Հ	Վ	Շ	Ֆ	Փ	O	Վ	Կ	Ի	Ս
Ժ	Պ	E	H	H	Մ	Կ	Յ	Մ	K	Ր	Յ	H	Ւ

ԲԼՈԳ
ՏԵՍԱԽՑԻԿ
ՑՈՒՑԻՉ
ՏՎՅԱԼՆԵՐ
ԷԿՐԱՆ
ՖԱՅԼ
ԻՆՏԵՐՆԵՏ
ԾՐԱԳՐԵՐ
ԲՐԱՈՒԶԵՐ
ԹՎԱՅԻՆ
ԲԱՅՏ
ՀԱՄԱԿԱՐԳԻՉ
ՏԱՌԱՏԵՍԱԿ
ՎԻՐՏՈՒԱԼ
ՎԻՐՈՒՍ

46 - Comédie

Ծ	Տ	Ը	Ք	Ռ	Ժ	Է	Զ	Տ	Զ	Ժ	A	Ո	Ս
Ծ	Ի	Ի	Մ	Պ	Ր	Ո	Վ	Ի	Զ	Ա	Ց	Ի	Ա
Ր	Օ	Ծ	Զ	Չ	Յ	Մ	Ա	Ր	Շ	Մ	Ր	Ն	Շ
P	Ղ	Տ	Ա	Լ	Դ	Ե	Ր	Ա	Ս	Ա	Ն	A	Ն
K	Ն	Կ	Խ	Ղ	Ո	Բ	Ճ	Գ	Տ	Ն	Ջ	Ա	Բ
Հ	Ո	Ւ	Մ	Ո	Ր	Ց	Ա	Ա	Ֆ	Ց	Պ	Փ	Շ
Ժ	Թ	Ա	Տ	Ր	Ո	Ն	Լ	Ի	Ց	Ե	Ա	Չ	Օ
Ժ	Ա	Հ	Փ	Ւ	Ջ	Կ	Ի	Լ	Ս	Ա	Ր	Ա	Ն
Կ	Ց	Ն	Ա	Տ	Շ	Ղ	Ճ	Խ	Գ	K	Ո	Ւ	Չ
Ծ	Ա	Ղ	Ր	Ա	Ծ	Ո	Ւ	Ն	Ե	Ր	Դ	Գ	Թ
Ա	Ր	Տ	Ա	Հ	Ա	Յ	Տ	Ի	Չ	Լ	Ի	Զ	Թ
Դ	Ե	Ր	Ա	Ս	Ա	Ն	Ո	Ւ	Հ	Ի	Ա	Ֆ	Ծ
Հ	Դ	Ժ	Տ	Ս	Ֆ	Թ	Զ	Ս	Մ	Վ	Ծ	Ց	Է
Պ	Կ	Ա	Տ	Ա	Կ	Ն	Ե	Ր	Ս	Շ	Տ	Ֆ	Ի

ԴԵՐԱՍԱՆ
ԴԵՐԱՍԱՆՈՒՀԻ
ԺԱՄԱՆՑ
ԿԱՏԱԿՆԵՐ
ԾԱՂՐԱԾՈՒՆԵՐ
ԶՎԱՐՃԱԼԻ
ԱՐՏԱՀԱՅՏԻՉ
ԺԱՆՐ

ՀՈՒՄՈՐ
ԻՄՊՐՈՎԻԶԱՑԻԱ
ԽԵԼԱՑԻ
ՊԱՐՈԴԻԱ
ԼՍԱՐԱՆ
ԾԻԾԱՂ
ԹԱՏՐՈՆ

47 - Météo

Օ	H	Ռ	Բ	Ճ	Դ	Ծ	Ս	Ձ	Բ	Է	Հ	Վ	Մ
Չ	Մ	Ջ	Ե	Ր	Մ	Ա	Ս	Տ	Ի	Ճ	Ա	Ն	Ը
Ո	Ո	Ջ	Ւ	Զ	Մ	Վ	Ը	Զ	Ֆ	P	Ն	Զ	Ը
Ր	Ւ	Գ	Ե	Ե	Ծ	Թ	Փ	E	Ի	Գ	Գ	Չ	Օ
Յ	Ս	Ե	Ռ	Փ	Ք	Ի	Ն	Ե	Ր	Կ	Ի	Ն	Ք
Կ	Ո	Ր	Ա	Յ	Ա	Ը	Ա	Ո	Ո	Ճ	Ս	Թ	Մ
Լ	Ն	Ա	Յ	Ո	Մ	Ի	P	Ծ	Լ	Ր	Տ	Ղ	Է
Ի	Մ	Շ	Ի	Ւ	Ի	Ֆ	Ձ	Ա	Ա	Ո	Պ	Գ	Հ
Մ	Ց	Տ	Ն	Ռ	Ռ	Է	Ո	Մ	Ն	Ն	Ր	Ո	Դ
Ա	Տ	Ա	Ր	Ա	Փ	Ի	Մ	Պ	Թ	Ր	Կ	Տ	Տ
Ջ	Ր	Հ	Ե	Ղ	Ե	Ղ	Ս	Ա	Ռ	Ո	Ւ	Յ	Ց
Ա	Ր	Ե	Ւ	Ա	Դ	Ա	Ր	Ձ	Ա	Յ	Ի	Ն	P
Փ	Ո	Թ	Ո	Ր	Ի	Կ	Ա	Ռ	P	H	Հ	Չ	E
Մ	Ա	Ռ	Ա	Խ	Ո	Ւ	Ղ	Ա	Յ	H	Ծ	Չ	H

ԾԻԱԾԱՆ
ՄԹՆՈԼՈՐՏ
ԶԵՓՅՈՒՌ
ՄԱՌԱԽՈՒՂ
ՀԱՆԳԻՍՏ
ԵՐԿԻՆՔ
ԿԼԻՄԱ
ՍԱՌՈՒՅՑ
ՋՐՀԵՂԵՂ
ՄՈՒՍՈՆ
ԱՄՊ
ԲԵՒԵՌԱՅԻՆ
ՉՈՐ
ԵՐԱՇՏ
ՋԵՐՄԱՍՏԻՃԱՆԸ
ՓՈԹՈՐԻԿ
ՈՐՊՈՍ
ՏԱՐԱՓ
ԱՐԵՒԱԴԱՐՁԱՅԻՆ
ՔԱՄԻ

48 - Châteaux

Մ	Տ	Ձ	Խ	Թ	Ց	Չ	Չ	Դ	Ռ	Մ	Ճ	Օ	Խ
Վ	Ի	Շ	Ա	Պ	Ի	A	Փ	Ի	Շ	Խ	Ա	Ն	Ջ
A	Պ	Ա	Կ	Ա	Մ	Օ	Ա	Ն	Ք	Ճ	Ր	Կ	Ի
Ա	Ս	Պ	Ե	Տ	Մ	Կ	Ձ	Ա	Ա	Լ	Ք	Ա	Բ
Շ	Ա	Ո	K	Ղ	Փ	Ն	Ն	Ս	Ր	Ը	Ա	Յ	Բ
Տ	Կ	Պ	Ւ	Ձ	Ջ	Ց	Ի	Տ	Ա	Պ	Յ	Ս	Խ
Ա	Օ	Բ	Ե	Ր	Դ	Յ	Վ	Ի	Ջ	Գ	Ա	Ր	Մ
Ր	Ղ	A	Փ	Ա	Ճ	Ս	Ո	Ա	Ի	Ֆ	Դ	Ո	Ն
Ա	Պ	Կ	Լ	Հ	Վ	Ռ	Ս	Ւ	Գ	Ե	Ո	Ւ	Ռ
Կ	Ո	Գ	Ի	Լ	Ա	Ա	Ժ	Ղ	Ր	Ո	Ւ	Թ	Ւ
Ա	Է	Կ	Ջ	Խ	Ծ	Գ	Հ	K	P	Ւ	Ս	Յ	Պ
Գ	Խ	K	Պ	Ա	Լ	Ա	Տ	Ա	Լ	Դ	Տ	Ո	Տ
Ս	Ջ	Ա	Շ	Թ	Փ	Շ	Ն	Յ	Ն	Ա	Ր	Ւ	Խ
Պ	Խ	Ց	Ծ	Ւ	Յ	Ք	Ի	A	Ւ	Լ	Ռ	Ն	Ք

ԶՐԱՀ
ՎԱՀԱՆ
ՔԱՐԱՁԻԳ
ՁԻ
ԱՍՊԵՏ
ՊՍԱԿ
ՎԻՇԱՊ
ԴԻՆԱՍՏԻԱ
ԿԱՅՍՐՈՒԹՅՈՒՆ
ՍՈՒՐ
ՖԵՈՒԴԱԼ
ԲԵՐԴ
ՄԻԱԵՂՋՅՈՒՐ
ՊԱՏ
ԱԶՆԻՎ
ՊԱԼԱՏ
ԻՇԽԱՆ
ԱՐՔԱՅԱԴՈՒՍՏՐ
ԱՇՏԱՐԱԿ

49 - Randonnée

Գ	Ա	Ե	Ղ	Ա	Ն	Ա	Կ	Կ	Ը	Հ	Բ	Ո	Պ
Յ	Յ	Լ	Է	Ն	Ֆ	Ր	Դ	Ո	Հ	Ո	Ն	Ւ	Չ
Օ	Գ	Չ	Ե	H	Շ	Շ	Ւ	Ղ	Ի	Գ	Ո	Ղ	Ր
Ճ	Ի	Փ	Ւ	Ռ	Մ	Ա	Ք	Մ	Պ	Ն	Ւ	Ե	Կ
Կ	Ն	Վ	Վ	Գ	Վ	Վ	Ա	Ն	Ա	Ա	Թ	Ց	Ջ
Օ	Ե	Ժ	Ա	Յ	Ռ	Ի	Ր	Ո	Տ	Ծ	Յ	Ո	Զ
Կ	Ր	Ն	Ձ	Ը	Փ	Ֆ	Ե	Ր	Ր	K	Ո	Ւ	Ք
Լ	Ո	Ղ	Դ	Ո	P	Զ	Ր	Ո	Ա	Ջ	Ւ	Յ	Ա
Ի	Ւ	Շ	Վ	Ա	Յ	Ր	Ի	Շ	Ս	Ո	Ն	Ց	Ր
Մ	Յ	Ղ	Ի	Օ	Ն	Չ	Ծ	Ո	Տ	Ւ	Օ	Ն	Տ
Ա	Ր	Ե	Ւ	Կ	Ի	Ի	Ա	Ւ	Ո	Ր	Է	Ե	Ե
Ց	P	Ե	Գ	Ս	Ն	Ծ	Ն	Մ	Ւ	Ֆ	Ճ	Ր	Զ
Վ	Տ	Ա	Ն	Գ	Ն	Ե	Ր	Ե	Մ	Դ	Ռ	Շ	Թ
Թ	Ը	Մ	Փ	Ջ	K	Ծ	Ր	P	Ր	Փ	Ո	Զ	Ր

ԿԵՆԴԱՆԻՆԵՐ
ԿՈՇԻԿՆԵՐ
ԱՐՇԱՎ
ՔԱՐՏԵԶ
ԿԼԻՄԱ
ՎՏԱՆԳՆԵՐ
ՋՈՒՐ
ԺԱՅՌԻ
ՀՈԳՆԱԾ
ՈՒՂԵՑՈՒՅՑՆԵՐ
ԾԱՆՐ
ԵՂԱՆԱԿ
ԼԵՌ
ԲՆՈՒԹՅՈՒՆ
ԿՈՂՄՆՈՐՈՇՈՒՄ
ԱՅԳԻՆԵՐ
ՔԱՐԵՐ
ՊԱՏՐԱՍՏՈՒՄ
ՎԱՅՐԻ
ԱՐԵՒ

50 - Meubles

Վ	Ա	Ր	Ա	Գ	Ո	Ւ	Յ	Ր	Ն	Ե	Ր	Կ	Գ
Ա	Է	Տ	Լ	Տ	P	Զ	Ղ	Ն	Գ	Ո	Ր	Գ	Ր
Ժ	Թ	Գ	Ր	Ա	Պ	Ա	Հ	Ա	Ր	Ա	Ն	Մ	Ա
Ծ	Պ	Ո	Հ	Բ	Ա	Ր	Ձ	Ի	Կ	Ն	Ե	Ր	Ս
Ռ	Ժ	Ռ	Ռ	Զ	E	Դ	Ռ	Կ	Ե	Ֆ	Ֆ	Ի	Ե
H	Ն	Ե	Ր	Ք	Ն	Ա	Կ	H	A	K	Ֆ	Ջ	Ղ
Հ	Ա	Յ	Ե	Լ	Ի	Ս	Խ	Կ	Ռ	Բ	Շ	Վ	Ա
Կ	Ծ	Ե	Թ	Լ	Ր	Ե	Ջ	Ֆ	Ո	Ւ	Տ	Ո	Ն
Բ	Ա	Ր	Ձ	Ա	Դ	Ղ	Վ	Ձ	Ժ	Վ	Ջ	O	Վ
Ո	Մ	Ի	P	Մ	Ա	Ա	Ժ	Մ	Դ	Ր	Ծ	Ճ	Ձ
Ր	Չ	Տ	Գ	Պ	Զ	Ն	Ժ	Է	Ֆ	Ց	Խ	Դ	Տ
Ց	Ժ	Լ	Շ	Հ	Գ	Բ	Ա	Զ	Կ	Ա	Թ	Ո	Ռ
Ձ	Կ	Ը	Ց	Ե	Ա	Դ	Ա	Ր	Ա	Կ	Ն	Ե	Ր
Ծ	Ք	Բ	Ղ	Ե	Հ	Մ	Ա	Հ	Ճ	Ա	Կ	Ա	Լ

ԴԱԶԳԱՀ
ԳՐԱՊԱՀԱՐԱՆ
ԳՐԱՍԵՂԱՆ
ԱԹՈՌ
ԶԱՐԴԱՍԵՂԱՆ
ԲԱՐՁԻԿՆԵՐ
ԴԱՐԱԿՆԵՐ
ԲԱԶԿԱԹՈՌ

ՖՈՒՏՈՆ
ԼԱՄՊ
ՄԱՀՃԱԿԱԼ
ՆԵՐՔՆԱԿ
ՀԱՅԵԼԻ
ԲԱՐՁ
ՎԱՐԱԳՈՒՅՐՆԵՐ
ԳՈՐԳ

51 - Art

Մ	Տ	Ե	Մ	Ո	Ղ	Ա	Կ	Ա	Ն	Ց	Ե	Ռ	Խ
Տ	Ճ	A	Ւ	Խ	Ճ	Ւ	Ն	Կ	Ա	Ր	Ն	Ե	Ր
Ճ	Կ	Կ	Ց	Ա	Զ	Ն	Ի	Վ	Օ	Ի	Ռ	Է	Ա
Մ	Յ	Ո	Ւ	Ր	Ռ	Ե	Ա	Լ	Ի	Զ	Մ	Ք	Ն
Խ	Ո	Ր	Հ	Ր	Դ	Ա	Ն	Ի	Շ	Ձ	Պ	Ս	Զ
Գ	Գ	Օ	Մ	Է	Չ	E	Ր	Շ	Ն	Պ	Ո	Պ	Ն
Կ	Ե	Ր	Ա	Մ	Ի	Կ	Ա	Կ	Ա	Ն	Ե	Ր	Ա
Ա	Շ	Ի	Հ	Բ	Ս	Ս	Յ	Հ	Ա	Ժ	Զ	Ե	Կ
Զ	Ն	Գ	Ա	Պ	Ծ	K	Տ	Յ	Կ	Ւ	Ի	Ս	Ա
Դ	Չ	Ի	Մ	Ա	Փ	Ձ	Ղ	Ե	Թ	Մ	Ա	Ի	Ն
Տ	Վ	Ն	Ա	Կ	Ա	Զ	Մ	Ը	Ղ	Ճ	Ձ	Ո	Պ
Խ	Ա	Ա	Լ	Տ	Խ	Ե	Ր	Փ	Լ	Ծ	Ֆ	Ն	Ա
Շ	Ծ	Լ	Ի	Կ	Ք	Ա	Ն	Դ	Ա	Կ	Ե	Յ	Ր
Ռ	Պ	Ծ	Ր	Պ	Զ	Ձ	Ը	Օ	Դ	H	Ն	Լ	Զ

ԿԵՐԱՄԻԿԱԿԱՆ
ՀԱՄԱԼԻՐ
ԿԱԶՄԸ
ՍՏԵՂԾԵԼ
ԷՔՍՊՐԵՍԻՈՆ
ԱԶՆԻՎ
ՈԳԵՇՆՉՎԱԾ
ՕՐԻԳԻՆԱԼ
ՆԿԱՐՆԵՐ
ԱՆՁՆԱԿԱՆ
ՊՈԵԶԻԱ
ՔԱՆԴԱԿ
ՊԱՐԶ
ԱՌԱՐԿԱ
ՍՅՈՒՐՌԵԱԼԻԶՄ
ԽՈՐՀՐԴԱՆԻՇ
ՏԵՍՈՂԱԿԱՆ

52 - Nutrition

Ա	Յ	Ա	Մ	Ե	Մ	Ո	Ւ	Ն	Ք	Ն	Ե	Ր	Յ
Ծ	Ա	Ք	Ա	Շ	Ը	Ւ	Ա	Խ	Վ	Դ	Ձ	Գ	Ե
Խ	Ռ	Գ	Ռ	Ժ	Ւ	Տ	Խ	Մ	Ի	Ժ	H	Ճ	Ղ
Ա	Ո	Ն	Ց	Ժ	Կ	Ե	Ո	Ո	Տ	Ց	K	Թ	Ո
Ձ	Ղ	Չ	Շ	Ե	Մ	Լ	Ր	Ր	Ա	Յ	Չ	Տ	Ւ
Ր	Ձ	Ի	Դ	Ծ	Գ	Ի	Ժ	Ո	Մ	Ս	Վ	Ո	Կ
Ե	Ս	Դ	Լ	Շ	Թ	Ս	Ա	Ւ	Ի	Ի	Ռ	Ք	Ն
Ր	Թ	Ո	Ա	Ժ	Կ	Ն	Կ	Մ	Ն	Ա	Յ	Ս	Ե
Յ	Ֆ	Ի	Ո	Ռ	Ք	Ն	Դ	Ի	Ե	Տ	Ա	Ի	Ր
E	Չ	Ը	Կ	Ւ	Ը	Դ	Է	Ք	Վ	Վ	Մ	Ն	Ի
Ը	Ո	Ա	Վ	Ա	Ս	Ա	Բ	Ց	Ձ	Ք	Ը	Ձ	Ռ
Դ	Տ	Կ	Ա	Լ	Ո	Ր	Ի	Ա	Ն	Ե	Ր	Յ	P
Ի	Ւ	Ս	Պ	Ի	Տ	Ա	Կ	Ո	Ւ	Ց	Ն	Ե	Ր
Ն	Ժ	Չ	P	Ս	Ո	Ր	Ա	Կ	Ղ	Ձ	Բ	Յ	Թ

ԴԱՌԸ
ԱԽՈՐԺԱԿ
ԿԱԼՈՐԻԱՆԵՐ
ՈՒՏԵԼԻ
ԴԻԵՏԱ
ՅԱՄԵՄՈՒՆՔՆԵՐ
ԽՄՈՐՈՒՄ
ԱՃԽԱՁՐԵՐ
ՅԵՂՈՒԿՆԵՐ

ՍՆՆԴԱՐԱՐ
ՔԱՇԸ
ՍՊԻՏԱԿՈՒՑՆԵՐ
ՈՐԱԿ
ԱՌՈՂՋ
ՍՈՈՒՍ
ՅԱՄԸ
ՏՈՔՍԻՆ
ՎԻՏԱՄԻՆ

53 - Science Fiction

Ֆ	Խ	Ճ	Վ	Ռ	Գ	Մ	Ո	Լ	Ո	Ր	Ա	Կ	Ը
Մ	Ա	Ճ	Խ	Ա	Ր	Հ	Ե	Ռ	Ա	Վ	Ո	Ր	Չ
Ս	Չ	Ն	Զ	A	Գ	Ա	Լ	Ա	Ք	Ս	Ի	Ա	Բ
H	Ց	Ն	Տ	Տ	Ե	Խ	Ն	Ո	Լ	Ո	Գ	Ի	Ա
Կ	Ւ	Ե	Ծ	Ա	Յ	Ր	Ա	Հ	Ե	Ղ	Ի	Դ	Հ
Ա	Ի	Կ	Ն	Ճ	Ս	Կ	Ր	Ա	Կ	H	H	Չ	Է
Տ	Ռ	Ն	Ծ	Ա	Ք	Տ	Պ	Ա	Տ	Ր	Ա	Ն	Ք
Ո	Ո	Ւ	Ո	E	Ր	Ֆ	Ի	O	Ր	Ա	Ք	Լ	Ի
Մ	Բ	Գ	Հ	Ա	Կ	Հ	Ց	Կ	Ե	Թ	Ռ	Զ	Դ
Ա	Ո	Խ	Ո	Ր	Հ	Ր	Դ	Ա	Վ	Ո	Ր	Ն	Ւ
Ց	Տ	Չ	Դ	Ի	Ս	Տ	Ո	Պ	Ի	Ա	Չ	Լ	Ո
Ի	Ն	Պ	Ա	Յ	Թ	Յ	Ո	Ւ	Ն	Զ	Ժ	Փ	Ժ
Ն	Ե	Ր	Ե	Ւ	Ա	Կ	Ա	Յ	Ա	Կ	Ա	Ն	Ա
Գ	Ր	Ք	Ե	Ր	Ո	Ւ	Տ	Ո	Պ	Ի	Ա	Բ	Գ

ԱՏՈՄԱՅԻՆ
ԿԻՆՈ
ԴԻՍՏՈՊԻԱ
ՊԱՅԹՅՈՒՆ
ԾԱՅՐԱՀԵՂ
ՖԱՆՏԱՍՏԻԿ
ԿՐԱԿ
ԳԱԼԱՔՍԻԱ
ՊԱՏՐԱՆՔ
ԵՐԵՒԱԿԱՅԱԿԱՆ
ԳՐՔԵՐ
ՀԵՌԱՎՈՐ
ԱՃԽԱՐՀ
ԽՈՐՀՐԴԱՎՈՐ
ՕՐԱՔԼԻ
ՄՈԼՈՐԱԿ
ՌՈԲՈՏՆԵՐ
ՍՑԵՆԱՐ
ՏԵԽՆՈԼՈԳԻԱ
ՈՒՏՈՊԻԱ

54 - Vertus #1

Ե	Ղ	Բ	Տ	Խ	Ն	Զ	Հ	Մ	Ա	Յ	Ի	Չ	Օ
Ց	Ր	Ի	Հ	Ո	Ր	Խ	Վ	Հ	Հ	Գ	Ւ	Օ	Գ
Կ	E	Ե	Ո	Ի	Վ	Ճ	Ռ	Ա	Կ	Ա	Ն	Դ	Տ
Յ	Ւ	Ղ	Ւ	Մ	Ճ	Ջ	Տ	Մ	Ր	Ճ	Ժ	E	Ա
Ղ	P	Տ	Ս	Ա	Վ	Ձ	Մ	Ե	Լ	Ճ	Կ	Ի	Կ
Ֆ	Ջ	Ւ	Ա	Ս	Կ	Ս	Ծ	Ս	Ա	P	Ա	Յ	Ա
Ջ	Թ	Փ	Լ	Տ	Ք	Ա	Տ	Տ	Վ	Պ	Բ	Լ	Ր
E	Վ	Ս	Ի	Ո	Զ	Ւ	Յ	Ա	Ն	Դ	Ը	Բ	Ի
Ջ	Բ	Կ	Է	Ւ	Ք	Ն	Ե	Ա	Հ	Հ	Ք	Ճ	Ե
Գ	Ո	Ր	Ծ	Ն	Ա	Կ	Ա	Ն	Կ	Ր	Ք	Ո	Տ
Ր	Գ	Ե	Ղ	Ա	Ր	Վ	Ե	Ս	Տ	Ա	Կ	Ա	Ն
Բ	Ա	Ն	Կ	Ա	Խ	Հ	Տ	Յ	K	Չ	Ն	E	Կ
Խ	Ե	Լ	Ա	Ց	Ի	Մ	Ա	Ք	Ո	Ւ	Ր	Ի	Ֆ
Ա	Ր	Դ	Յ	Ո	Ւ	Ն	Ա	Վ	Ե	Տ	Ե	E	A

ԳԵՂԱՐՎԵՍՏԱԿԱՆ
ԼԱՎ
ՀՄԱՅԻՉ
ՎՍՏԱՀ
ՎՃՌԱԿԱՆ
ԶՎԱՐՃԱԼԻ
ԱՐԴՅՈՒՆԱՎԵՏ
ՀՈՒՍԱԼԻ
ԵՐԵՒԱԿԱՅԱԿԱՆ
ԱՆԿԱԽ
ԽԵԼԱՑԻ
ՀԱՄԵՍՏ
ԿՐՔՈՏ
ԳՈՐԾՆԱԿԱՆ
ՄԱՔՈՒՐ
ԻՄԱՍՏՈՒՆ
ՕԳՏԱԿԱՐ

55 - Professions #1

Ա	Դ	Ո	Ս	Կ	Ե	Ր	Ի	Չ	Հ	Ր	Շ	Ե	Ջ
Ջ	Ս	Ե	Ր	Ա	Ժ	Ի	Շ	Տ	Ո	Թ	Ո	P	Ր
Ր	Ց	Տ	Ս	Ք	Ա	Ր	Տ	Ո	Գ	Ր	Ա	Ֆ	Ք
Մ	Խ	Բ	Ղ	Պ	Դ	Ց	Փ	Է	Ե	Թ	Ձ	Օ	Թ
Ո	Դ	Ժ	Ճ	Ա	Ա	Փ	Խ	Մ	Բ	Ա	Գ	Ի	Ր
Ւ	Ա	Ի	Հ	Օ	Գ	Ն	Յ	Մ	Ա	Ր	Զ	Ի	Չ
Ղ	Շ	Շ	K	Չ	Ռ	Ե	Բ	Ժ	Ն	Ւ	Ռ	Տ	Պ
Ա	Ն	Կ	Ո	Ո	Գ	Ի	Տ	Ն	Ա	Կ	Ա	Ն	Ա
Գ	Ա	Մ	Թ	Ր	Բ	Ո	Ւ	Ժ	Ք	Ո	Ւ	Յ	Ր
Ո	Կ	Փ	Ա	Ս	Տ	Ա	Բ	Ա	Ն	Յ	Ա	Ո	Ո
Ր	Ա	Դ	Հ	Ո	Բ	Ս	Ն	Ա	Ճ	Կ	E	A	Ւ
Ծ	Հ	E	Ժ	Ր	Ւ	Ռ	Ֆ	Կ	Հ	Զ	Թ	Ւ	Հ
Չ	Ա	Ծ	Պ	Դ	Չ	Ի	Վ	Ա	Ե	L	A	Ր	Ի
Ե	Ր	Կ	Ր	Ա	Բ	Ա	Ն	L	Ի	Ր	Բ	Չ	P

ԴԵՍՊԱՆ
ԱՍՏՂԱԳԵՏ
ՓԱՍՏԱԲԱՆ
ԲԱՆԿԵՐ
ՈՍԿԵՐԻՉ
ՔԱՐՏՈԳՐԱՖ
ՈՐՍՈՐԴ
ՊԱՐՈՒՀԻ
ՄԱՐԶԻՉ
ԽՄԲԱԳԻՐ
ԵՐԿՐԱԲԱՆ
ԲՈՒԺՔՈՒՅՐ
ԲԺԻՇԿ
ԵՐԱԺԻՇՏ
ԴԱՇՆԱԿԱՀԱՐ
ՋՐՄՈՒՂԱԳՈՐԾ
ՀՐՇԵՋ
ՀՈԳԵԲԱՆ
ԳԻՏՆԱԿԱՆ

56 - Géologie

Ի	Շ	Կ	H	Կ	Ը	Ւ	Ւ	Ս	Հ	Ա	Լ	Ա	Ծ
Ո	Ե	Գ	Ո	Տ	Ի	Ր	Թ	Տ	Հ	Շ	P	Հ	Գ
Ք	Ր	Ե	Է	Ր	Ո	Զ	Ի	Ա	Ղ	Խ	Ձ	Ր	Ե
Ա	Տ	Ձ	Կ	Հ	Ա	Ն	Ա	Ծ	Ո	Ա	H	Ա	Յ
Ր	E	Ր	Ա	Ր	Օ	Լ	Ա	Վ	Ա	Ր	Ս	Բ	Զ
Ձ	Ս	Ե	Լ	Ք	Փ	Է	Ա	Զ	Ը	Հ	Ա	Ո	Ե
Կ	Ղ	Ա	Ց	Ծ	Ա	P	Ղ	A	H	Ա	Ր	Ւ	Ր
Է	Ը	Փ	Ի	Ո	Է	Ր	Ր	Գ	Ղ	Մ	Ա	Խ	Ձ
Ճ	Ե	Ք	Ո	Ր	P	Ժ	Կ	Դ	P	Ա	Հ	Ա	Փ
Բ	Յ	Ո	Ւ	Ր	Ե	Ղ	Ն	Ե	Ր	Ս	Ա	A	H
Է	Պ	Զ	Մ	Ի	Չ	Ծ	Դ	H	Մ	Թ	Ր	Տ	Ո
Ք	Ա	Ր	Ա	Ն	Ձ	Ա	Վ	Ի	Ա	Ռ	Թ	A	Ծ
H	Կ	E	Ժ	Հ	Ա	Ն	Ք	Ա	Յ	Ի	Ն	Ո	H
Ս	Տ	Ա	Լ	Ա	Կ	Տ	Ի	Տ	H	Լ	Ֆ	Ն	Ւ

ԹԹՈՒ
ԿԱԼՑԻՈՒՄ
ՔԱՐԱՆՁԱՎԻ
ԱՇԽԱՐՀԱՄԱՍ
ԿՈՐԱԼ
ՇԵՐՏ
ԲՅՈՒՐԵՂՆԵՐ
ԷՐՈԶԻԱ
ՀԱԼԱՃ
ՀԱՆԱՃՈ
ԳԵՅԶԵՐ
ԼԱՎԱ
ՀԱՆՔԱՅԻՆ
ՔԱՐ
ՍԱՐԱՀԱՐԹ
ՈՐՁԱՔԱՐ
ԱՂ
ՍՏԱԼԱԿՏԻՏ
ՀՐԱԲՈՒԽ
ԳՈՏԻ

57 - Cirque

Փ	Ճ	Ե	Մ	Կ	Ա	Խ	Ա	Ր	Դ	Ա	Կ	Ա	Ն
Ի	Է	Հ	Լ	Ո	Ե	Ճ	Ա	Կ	Ր	Ո	Բ	Ա	Տ
Ղ	Ֆ	Լ	Ց	Ս	Հ	Ժ	Պ	Ռ	Ջ	Ն	Ա	Մ	Փ
Շ	Ո	Ո	Ւ	Տ	Ւ	Ի	Ա	Ծ	Յ	Ը	Չ	K	Ո
Կ	Կ	Ը	Ղ	Յ	Տ	Ո	Մ	Ս	Վ	Ո	Ճ	Ի	Ւ
Ե	Ա	Ո	Յ	Ո	Ր	Հ	Ն	Ւ	Տ	Չ	Ւ	Շ	Չ
Ն	Խ	Հ	Կ	Ւ	H	E	Յ	Ղ	Խ	Փ	Ջ	Ծ	Ի
Դ	Ա	Ն	Վ	Մ	Կ	Ա	Պ	Ի	Կ	Շ	Ո	Յ	Կ
Ա	Ր	Ա	Ա	Ր	K	Հ	E	Մ	Ա	K	Ն	Դ	Ն
Ն	Դ	Ր	Գ	Ը	Ա	Ճ	Ֆ	K	Շ	Ժ	Գ	Ր	Ե
Ի	Փ	Ք	Ր	Գ	Տ	Ն	Ղ	Ջ	Մ	Ք	Լ	Ջ	Ր
Ն	Մ	Ռ	Հ	Ա	Ն	Դ	Ի	Ս	Ա	Տ	Ե	Ս	Ռ
Ե	Ք	Ր	Ժ	Ս	Շ	K	Ո	Ն	Գ	Վ	Ր	Ր	Կ
Ր	Ս	Շ	Ծ	Ա	Ղ	Ր	Ա	Ծ	Ո	Ւ	Ի	Ռ	Թ

ԱԿՐՈԲԱՏ
ԿԵՆԴԱՆԻՆԵՐ
ՀՆԱՐՔ
ՓՈՒՉԻԿՆԵՐ
ՏՈՄՍ
ԾԱՂՐԱԾՈՒ
ԿՈՍՏՅՈՒՄ
ՓԻՂ
ՋՈՆԳԼԵՐ
ԱՌՅՈՒԾ
ԿԱԽԱՐԴ
ԿԱԽԱՐԴԱԿԱՆ
ՇՈՈՒ
ՇՔԵՐԹ
ԿԱՊԻԿ
ՀԱՆԴԻՍԱՏԵՍ
ՎՐԱՆ
ՎԱԳՐ

58 - Jardin

Կ	Ե	Ճ	Ո	Ւ	Շ	Ց	Լ	Ե	H	Ր	Ճ	Ք	Ի
Ր	Գ	Ո	Ւ	Լ	Պ	Ա	Ն	Ե	Ր	Ա	Ց	A	Ջ
Ջ	Ք	Թ	Ֆ	Ց	Դ	Ն	P	H	Ի	P	Չ	Դ	Ղ
Մ	Փ	Ի	Ր	Ե	Ի	Կ	Ճ	Հ	Ջ	Փ	Է	Ա	Ֆ
Ո	Ծ	Ա	Ռ	Պ	Հ	Ա	Շ	Լ	Խ	Պ	Ռ	Ջ	E
Լ	O	Կ	Բ	Խ	Թ	Պ	Չ	Ճ	Տ	Ո	Ձ	Գ	E
Ա	Վ	Տ	Ո	Տ	Ն	Ա	Կ	Ա	Ք	Ծ	Տ	Ա	Յ
Խ	Դ	Ո	Ւ	Ճ	Դ	Տ	Ց	Կ	Ւ	Ա	Ջ	Հ	Կ
Ո	P	Ւ	Շ	Ք	Ր	Ի	E	Խ	Կ	Ղ	Ռ	Ռ	Խ
Տ	Է	Ր	Ե	Ո	Մ	Փ	Ո	Ց	Խ	Ի	Կ	Խ	Շ
Ե	Փ	Ա	Յ	Գ	Ի	P	Ւ	Փ	Է	Կ	E	Ծ	Ր
Ր	Տ	Ր	Ա	Մ	Պ	Ո	Լ	Ի	Ն	Ծ	Ղ	Ե	Ո
Ի	Ֆ	Յ	Ա	Բ	Հ	Ո	Ղ	P	Ն	Ս	Չ	Հ	Ռ
Ը	Լ	Է	Խ	Ն	Ճ	Ց	H	Մ	K	Ծ	Ս	Բ	Բ

ԾԱՌ
ԴԱԶԳԱՀ
ԲՈՒՇ
ՑԱՆԿԱՊԱՏԻ
ԼՃԱԿ
ԾԱՂԻԿ
ԱՎՏՈՏՆԱԿ
ԽՈՏ

ԱՅԳԻ
ՄՈԼԱԽՈՏԵՐԻ
ԹԻԱԿ
ՓՈՑԽ
ՀՈՂ
ԿՏՈՒՐ
ՏՐԱՄՊՈԼԻՆ
ԳՈՒԼՊԱՆԵՐ

59 - Barbecues

Մ	Ճ	Յ	Ա	Վ	Խ	Լ	Պ	Ը	Փ	Ծ	Խ	Օ	Ա
Ր	Շ	Դ	Ղ	K	Ա	Ո	Ո	Ղ	Պ	Ճ	Չ	Շ	Ղ
Ա	Ռ	Ա	Ն	Ճ	Ղ	Լ	Չ	Խ	Պ	Ր	Յ	Ր	Ց
Ջ	Վ	Ն	Ք	A	Ե	Ի	Խ	Ս	E	Ե	Խ	Յ	Ա
Ք	Ֆ	Ա	A	Կ	Ր	Կ	Ա	E	E	Ճ	Ղ	Ծ	Ն
Ա	Ը	Կ	Ը	Ն	Տ	Ա	Ն	Ի	Ք	Ա	Դ	A	Ն
Բ	Ա	Ն	Ջ	Ա	Ր	Ե	Ղ	Ե	Ն	Շ	K	Ե	Ե
Փ	Պ	Ե	Թ	Գ	Ա	Լ	Ր	Ժ	Ղ	Փ	Շ	Ր	Ր
Է	Վ	Ր	Մ	Ր	Գ	Ե	Ր	Պ	Ձ	Ն	Ժ	Ե	Ա
Ժ	A	Չ	Օ	Ի	Ի	K	Դ	Շ	E	Ս	Փ	Խ	Մ
Մ	H	Խ	Ն	Լ	Ճ	Ք	Ղ	Շ	Ս	Ո	Վ	Ա	Ա
Ե	Ր	Ա	Ժ	Շ	Տ	Ո	Ւ	Թ	Յ	Ո	Ւ	Ն	Ռ
Ղ	Կ	Թ	K	Ժ	Ա	Պ	Ս	Պ	Դ	Ւ	Խ	Ե	Ղ
Ճ	H	Փ	Խ	Ղ	Ք	Ժ	Ւ	Ե	Ե	Ս	Թ	Ր	Ք

ՏԱՔ
ԴԱՆԱԿՆԵՐ
ՃԱՇ
ԸՆԹՐԻՔ
ԵՐԵԽԱՆԵՐ
ԱՄԱՌ
ՍՈՎ
ԸՆՏԱՆԻՔ
ՄՐԳԵՐ
ԳՐԻԼ
ԽԱՂԵՐ
ԲԱՆՋԱՐԵՂԵՆ
ԵՐԱԺՇՏՈՒԹՅՈՒՆ
ՍՈԽ
ՊՂՊԵՂ
ՅԱՎ
ԱՂՑԱՆՆԵՐ
ՍՈՈՒՍ
ԱՂ
ԼՈԼԻԿ

60 - Anniversaire

Մ	Ե	Ծ	Ժ	Թ	A	Ե	Ի	Ի	Թ	Ը	H	Պ	O
Ս	Վ	Բ	Ճ	Ց	O	Ր	Ց	Մ	Ե	Տ	Շ	Տ	Ր
P	Ե	K	Հ	Ե	Ի	Ի	Ե	Ա	Ճ	Ր	H	Ո	Ա
Փ	Ր	H	Ղ	Ո	Մ	Տ	Ռ	Ս	Ց	Լ	Գ	Ր	Ց
K	Ջ	Ծ	A	Ց	Թ	Ա	Տ	Տ	Չ	Ֆ	Պ	Թ	Ո
Հ	Ա	Տ	Ո	Ւ	Կ	Ս	Տ	Ո	Ն	Ը	Ռ	Ց	Ւ
Չ	Ն	Շ	Ւ	Ժ	Ջ	Ա	Ճ	Ւ	Է	Ն	Բ	Հ	Յ
Ք	Ի	Դ	Ր	Ժ	Փ	Ր	Ն	Թ	Բ	Կ	Լ	E	Ց
Տ	Կ	Ջ	Ա	Շ	Ա	Դ	Մ	Յ	Ո	Ե	K	Ն	Բ
Ա	Չ	Ն	Խ	Ֆ	Դ	Մ	Ֆ	Ո	Չ	Ր	Ր	Դ	Ն
Ր	Ք	Ֆ	Ք	Խ	O	Ռ	Ա	Ւ	Մ	Ն	Վ	Ե	Ր
Ի	Ժ	Ա	Մ	Ա	Ն	Ա	Կ	Ն	Ո	Ե	Ն	K	Շ
Հ	Ր	Ա	Վ	Ե	Ր	Ն	Ե	Ր	Ց	Ր	Ր	Ք	Ի
Ս	Ո	Վ	Ո	Ր	Ե	Լ	Ք	Ա	Ր	Տ	Ե	Ր	Ո

ԸՆԿԵՐՆԵՐ
ԺԱՄԱՆՑ
ՏԱՐԻ
ՍՈՎՈՐԵԼ
ՄՈՄԵՐ
ՆՎԵՐ
ՕՐԱՑՈՒՅՑ
ՔԱՐՏԵՐ
ԵՐԳ
ՏՈՆ
ՏՈՐԹ
ԵՐՋԱՆԻԿ
ՀՐԱՎԵՐՆԵՐ
ԵՐԻՏԱՍԱՐԴ
ՕՐ
ՈՒՐԱԽ
ԻՄԱՍՏՈՒԹՅՈՒՆ
ՀԱՏՈՒԿ
ՄԵԾ
ԺԱՄԱՆԱԿ

61 - Animaux de Compagnie

Վ	Ձ	Ջ	Ժ	Ս	Ն	Թ	Ճ	Մ	Ո	H	Կ	Մ	Խ
Ս	Մ	K	Ծ	Ա	Պ	Ո	Ա	Վ	Հ	Ո	Ա	Ո	Վ
Ն	Ց	H	Ճ	K	Ե	Ւ	Ն	P	Ձ	P	Տ	Ղ	Վ
Ո	E	E	Ժ	Ե	Կ	Թ	Ա	Ռ	Ք	Ծ	Ո	Ե	K
Ւ	Ւ	Հ	Լ	Դ	Ճ	Ա	Գ	Ա	Ր	Ջ	Ւ	Ս	Ձ
Ն	Մ	Ա	Ն	Յ	Ա	Կ	Ր	Լ	Ա	Կ	Ո	Տ	Ռ
Դ	Ջ	Մ	Ք	A	Գ	Ի	Ե	Մ	Պ	A	Յ	Օ	Դ
Մ	Ո	Ս	Ց	Ը	Ժ	Ք	Ր	Լ	Ք	Ո	Օ	Ք	Ե
Ի	Ւ	Տ	Ր	Շ	Ն	Ի	Գ	Մ	Յ	Պ	Չ	Ե	Ը
Ե	Ր	Ե	Ջ	Խ	Ո	Ձ	K	Ո	Շ	E	E	Ե	Ք
Պ	Ո	Ր	Է	Ն	Վ	Ւ	Ժ	Ւ	Ք	Ա	Յ	Ծ	Ի
Թ	Ժ	Պ	Ի	Խ	Ռ	H	Ն	Կ	Ք	Տ	Ք	Ղ	Չ
E	Ե	K	Է	Բ	Ձ	Ո	Ւ	Կ	Ր	Ի	Ա	Բ	Ձ
Ա	Ն	Ա	Ս	Ն	Ա	Բ	Ո	Ւ	Յ	Ժ	Օ	Ա	Ճ

ԿԱՏՈՒ
ԱՅԾԻ
ՇՈՒՆ
ԼԱԿՈՏ
ՄԱՆՅԱԿ
ՋՈՒՐ
ՃԱՆԱԳՐԵՐ
ՀԱՄՍՏԵՐ
ՃԱԳԱՐ
ՄՈՂԵՍ
ՍՆՈՒՆԴ
ԹՈՒԹԱԿ
ՁՈՒԿ
ՊՈՉ
ՄՈՒԿ
ԿՐԻԱ
ԿՈՎ
ԱՆԱՍՆԱԲՈՒՅԺ

62 - Forêt Tropicale

Վ	Ե	Ր	Ա	Կ	Ա	Ն	Գ	Ն	Ո	Ւ	Մ	Խ	Խ
Բ	Ն	Ի	Կ	Փ	Ռ	Տ	Յ	Դ	Յ	Թ	Ճ	Գ	Մ
Ժ	Յ	Ս	Ւ	Օ	Ե	Ց	Ք	Յ	Ա	Ռ	Ծ	Ց	Ա
Չ	Չ	Ա	E	Ջ	Բ	Ց	K	Ա	Մ	Չ	Ց	Խ	Մ
Ի	Ն	Ց	Ր	Ժ	Վ	Ձ	Ի	Ա	Ա	Ո	Ղ	Ւ	Ո
Ջ	Ո	Ւ	Ն	Գ	Լ	Ի	Բ	Ժ	Ց	Ւ	Տ	Ֆ	Ւ
Ո	Կ	Ա	Թ	Ն	Ա	Ս	Ո	Ւ	Ն	Ն	Ե	Ր	Ռ
Ծ	Լ	E	Ր	Ֆ	E	Ն	Ֆ	Ր	Ք	Ն	Ա	Ա	Ց
Ո	Ի	Խ	Դ	Խ	Ց	Թ	Ք	Ր	Ը	Ե	Մ	Պ	Ն
Ս	Մ	Ի	Ջ	Ա	Տ	Ն	Ե	Ր	Ե	Ր	Պ	Ա	Բ
Պ	Ա	Յ	Պ	Ա	Ն	Ո	Ւ	Մ	Ռ	Թ	Ե	Ս	Կ
Չ	Տ	Փ	Պ	Տ	Ե	Ս	Ա	Կ	Ն	Ե	Ր	Տ	Օ
Ա	Ր	Ժ	Ե	Ք	Ա	Վ	Ո	Ր	P	Ղ	Ձ	Ա	Թ
Բ	Ո	Ւ	Ս	Ա	Ն	Ի	Կ	Ա	Կ	Ա	Ն	Ն	Վ

ԲՈՒՍԱՆԻԿԱԿԱՆ
ԿԼԻՄԱ
ՅԱՄԱՅՆՔ
ՏԵՍԱԿՆԵՐ
ԲՆԻԿ
ՄԻՋԱՏՆԵՐ
ՋՈՒՆԳԼԻ
ԿԱԹՆԱՍՈՒՆՆԵՐ
ՄԱՄՈՒՌ
ԱՄՊԵՐ
ԹՌՉՈՒՆՆԵՐ
ԱՐԺԵՔԱՎՈՐ
ՊԱՅՊԱՆՈՒՄ
ԱՊԱՍՏԱՆ
ՅԱՐԳԱՆՔ
ՎԵՐԱԿԱՆԳՆՈՒՄ

63 - Insectes

Բ	Զ	Ե	Զ	Ց	Ի	Կ	Ա	Դ	Ա	P	Դ	Թ	Մ
Մ	Մ	Դ	Թ	Փ	Թ	Ռ	H	Բ	Ո	Ւ	Լ	Ր	Ժ
Ե	Մ	Ա	Ն	Տ	Ի	Ս	Դ	Ճ	Ե	Լ	Ե	Թ	Ե
Ղ	Ր	Ճ	Պ	Ե	Թ	Ո	E	Ի	Ճ	Ե	Դ	Ո	Ղ
Ո	Ջ	Ռ	Ջ	Ր	Ե	Տ	Է	Ճ	P	Թ	Ի	Ւ	Ռ
Ւ	Յ	Ճ	Ճ	Մ	Ր	Մ	Լ	Ո	Ո	Ժ	Բ	Ր	Պ
Ղ	Ո	Պ	Տ	Ի	Ւ	H	Ո	Ւ	Ջ	Ծ	Ո	Ր	Ֆ
Գ	Ւ	Ո	H	Տ	Լ	Ի	Ղ	Ր	Ր	Ճ	Ւ	E	Խ
Օ	Ն	Ւ	Տ	Ժ	Ք	Մ	Դ	Ո	Ե	Փ	Գ	Ո	Հ
Շ	Վ	Ռ	Ջ	Փ	Ռ	Լ	Հ	Ձ	Ա	Խ	Ը	Ւ	Խ
Ա	Ֆ	Լ	Հ	Մ	P	Բ	Չ	Հ	Մ	Ֆ	Ի	Տ	Յ
Շ	Զ	Ճ	E	Է	Թ	Օ	Ծ	Ր	Ձ	Ժ	Է	Ի	H
Ե	Ա	Գ	E	Ո	Օ	Ւ	Ղ	Շ	Ւ	Փ	Խ	Ճ	Ի
Ի	K	Պ	Ը	Ր	Ը	H	Ճ	Ճ	H	A	Ս	Ց	Ո

ՄԵՂՈՒ
ՈՒՏԻՃ
ՑԻԿԱԴԱ
ԼԵԴԻԲՈՒԳ
ՄՐՋՅՈՒՆ
ԹՐԹՈՒՐ
ՃՊՈՒՌ
ՄԱՆՏԻՍ
ՄԺԵՂ
ԹԻԹԵՌ
ԲՈՒԼ
ՏԼ
ՄՈՐԵԽ
ԲԶԵԶ
ՏԵՐՄԻՏ
ՃԻՃՈՒ

64 - Ferme #1

Դ	Ը	Ա	Վ	L	Կ	Ո	Հ	Ք	Մ	Ե	Ղ	Ո	Ւ
Ժ	Ձ	Ս	Գ	Հ	H	Ռ	Ս	Դ	Ե	Խ	P	Ը	Վ
E	Ւ	Յ	Ր	Ռ	Պ	Վ	Մ	Վ	Ղ	Է	Է	Մ	Վ
Ա	Յ	Ծ	Ի	Մ	Ա	Տ	P	L	Ր	Ջ	Շ	Տ	Ձ
Ը	Փ	Ց	Ջ	Ո	Զ	Վ	A	Ք	Ձ	Ի	Ո	Ի	Ր
Ց	Ա	Ն	Կ	Ա	Պ	Ա	Տ	Ի	Ռ	Ճ	Ւ	Ւ	Բ
Ձ	Ց	Ն	L	Հ	Ո	Ր	Թ	Ռ	Ա	Ձ	Ն	Ի	Ր
Յ	Ւ	Ո	Ռ	Ւ	Ո	Օ	Ը	Թ	Ր	P	P	Թ	Ի
Կ	Պ	Ա	Ր	Ա	Ր	Տ	Ա	Ն	Յ	Ո	Ւ	Թ	Ն
Ա	E	Խ	Ո	Զ	Բ	Ի	Զ	Ո	Ն	Ւ	P	Ւ	Ձ
Տ	Փ	Խ	H	Ի	Վ	Պ	Ծ	Ա	Չ	Ք	Մ	Ք	Հ
Ո	Դ	Ա	Շ	Տ	Ե	Հ	Կ	Ո	Վ	Է	Բ	Զ	Ա
Ւ	Ծ	Ծ	Վ	Պ	Օ	Ա	H	Ռ	Թ	Շ	Զ	Դ	Վ
Ս	Ծ	Ը	Ք	Հ	Ռ	Յ	Ո	Բ	Շ	Վ	Ւ	Ծ	Զ

ՄԵՂՈՒ
ԷՇ
ԲԻԶՈՆ
ԴԱՇՏ
ԿԱՏՈՒ
ՁԻ
ԱՅԾԻ
ՇՈՒՆ
ՑԱՆԿԱՊԱՏԻ
ԽՈԶ
ԱԳՌԱՎ
ՋՈՒՐ
ՊԱՐԱՐՏԱՆՅՈՒԹ
ՀԱՑ
ՄԵՂՐ
ՀԱՎ
ԲՐԻՆՁ
ՀՈՏ
ԿՈՎ
ՀՈՐԹ

65 - Escalade

Կ	Ա	Յ	Ո	Ւ	Ն	Ո	Ւ	Թ	Յ	Ո	Ւ	Ն	Բ
Ց	Շ	Մ	Հ	Ն	Գ	Ռ	Թ	Վ	Բ	Լ	Ո	Ի	Ա
Ճ	Գ	Ք	Ձ	Ե	Ռ	Ն	Ա	Ց	Ո	Ղ	Ն	Ե	Ր
Փ	Վ	Օ	Ա	Մ	Ծ	Ռ	Օ	Ս	Ս	Ժ	Ղ	Ը	Ձ
Ֆ	Ի	Զ	Ի	Կ	Ա	Կ	Ա	Ն	Ջ	Ճ	Ա	Տ	Ր
Ո	Ւ	Ղ	Ե	Ց	Ո	Ւ	Յ	Ց	Ն	Ե	Ր	Փ	Ո
Ք	Ա	Ր	Տ	Ե	Զ	Շ	Ւ	Ց	Ե	Յ	Շ	Ո	Ւ
Ա	Ր	Լ	Ճ	Թ	Շ	Ը	Ի	Ֆ	Ղ	Գ	Ա	Ր	Թ
Ք	Ա	Ր	Ա	Ն	Ձ	Ա	Վ	Կ	A	Փ	Վ	Ձ	Յ
Ս	Ա	Ղ	Ա	Վ	Ա	Ր	Տ	Է	Ն	Խ	Ճ	Ա	Ո
Ո	Ւ	Ս	Ո	Ւ	Ց	Ո	Ւ	Մ	Մ	Ե	Ր	Գ	Ւ
Չ	Ռ	Ջ	Ծ	Դ	Լ	Խ	P	Ֆ	Թ	Յ	Ր	Ե	Ն
Վ	Ն	Ա	Ս	Վ	Ա	Ծ	Ք	Ո	Ւ	Ժ	Ք	Տ	Ը
Մ	Թ	Ն	Ո	Լ	Ո	Ր	Տ	Խ	Ր	Ն	H	Ց	Տ

ԲԱՐՁՐՈՒԹՅՈՒՆԸ
ՄԹՆՈԼՈՐՏ
ՎՆԱՍՎԱԾՔ
ԿՈՇԻԿՆԵՐ
ՔԱՐՏԵԶ
ՍԱՂԱՎԱՐՏ
ՓՈՐՁԱԳԵՏ
ՆԵՂ
ՈՒԺ
ՈՒՍՈՒՑՈՒՄ
ՁԵՌՆԱՑՈՂՆԵՐ
ՔԱՐԱՆՁԱՎ
ՈՒՂԵՑՈՒՅՑՆԵՐ
ՖԻԶԻԿԱԿԱՆ
ԱՐՇԱՎ
ԿԱՅՈՒՆՈՒԹՅՈՒՆ

66 - École #2

Մ	Թ	Ա	Կ	Ա	Դ	Ե	Մ	Ի	Ա	Կ	Ա	Ն	Գ
Բ	Կ	Ո	Թ	Է	Լ	Փ	Փ	Ա	Գ	Գ	Ը	Կ	Ր
Ա	Գ	Ր	Ւ	Ք	Յ	Կ	Յ	Վ	Ր	Ի	Ն	Օ	Ա
Ռ	Մ	Կ	Ա	Ղ	Ղ	Ր	Մ	Տ	Ա	Տ	Թ	Ր	Կ
Ա	Ո	Ո	Ա	Տ	Թ	Թ	Ա	Ո	Դ	Ո	Ե	Ա	Ա
Ր	Ւ	Ճ	Ջ	Ը	Բ	Ո	Թ	Բ	Ա	Ւ	Ր	Ց	Ն
Ա	Ս	Ի	K	Մ	Ա	Ւ	Ե	Ո	Ր	Թ	Ց	Ո	Ո
Ն	Ո	Կ	Հ	Փ	Ց	Թ	Մ	Ւ	Ա	Յ	Ո	Ւ	Ւ
Ծ	Ւ	Փ	Ծ	A	Ժ	Յ	Ա	Ս	Ն	Ո	Ւ	Յ	Թ
P	Ց	Ց	Խ	K	K	Ո	Տ	Ւ	Ծ	Ւ	Մ	Ց	Յ
Յ	Ի	Ս	Ի	Ա	Ձ	Ւ	Ի	Ղ	K	Ն	Ա	Տ	Ո
Փ	Չ	Ե	Ս	Թ	Ղ	Ն	Կ	K	Ը	Բ	Տ	Ճ	Ւ
Գ	Ր	Ե	Լ	Ո	Ւ	Ե	Ա	Ֆ	Տ	Դ	Ի	Վ	Ն
Ռ	E	Ը	Ղ	Ռ	Ց	Գ	Ր	Ք	Ե	Ր	Տ	Է	H

ԱԿԱԴԵՄԻԱԿԱՆ
ԳՐԱԴԱՐԱՆ
ԱՎՏՈԲՈՒՍ
ՕՐԱՑՈՒՅՑ
ԿՈՃԻԿ
ՄԿՐԱՏ
ՄԱՏԻՏ
ԲԱՌԱՐԱՆ
ՈՒՍՈՒՑԻՉ
ԳՐԵԼՈՒ
ԿՐԹՈՒԹՅՈՒՆ
ԽԱՂԵՐ
ԸՆԹԵՐՑՈՒՄ
ԳՐԱԿԱՆՈՒԹՅՈՒՆ
ԳՐՔԵՐ
ՄԱԹԵՄԱՏԻԿԱ
ԹՈՒՂԹ
ԳԻՏՈՒԹՅՈՒՆ

67 - Antarctique

Պ	Ա	Հ	Պ	Ա	Ն	Ո	Ւ	Մ	Խ	Թ	Ա	Մ	Ս
Շ	Ւ	Ե	Ձ	Տ	Ե	Ս	Ա	Կ	Ն	Ե	Ր	Ի	Ա
Ք	Ս	Տ	Ց	Գ	Ս	Կ	Շ	Ե	Հ	Ր	Շ	Գ	Ռ
Ջ	Ւ	Ա	Պ	Շ	Ա	Ղ	Խ	Տ	Ա	Ա	Ա	Ր	Ց
Գ	Ր	Զ	Վ	Զ	Ռ	Զ	Ա	Ե	Ն	Կ	Վ	Ա	Ա
Զ	Ի	Ո	Ժ	Ը	Ո	Ի	Ր	Ր	Ք	Ղ	Ա	Ց	Դ
Ա	O	Տ	Թ	Ը	Ւ	Ն	Հ	Հ	Ա	Զ	Խ	Ի	Ա
Ձ	Ռ	Ո	Ա	A	Յ	Ե	Ա	Կ	Յ	Ի	Մ	Ա	Շ
Ֆ	Ո	Ղ	Ղ	Կ	Ց	Ր	Մ	Ւ	Ի	Ծ	Բ	Յ	Տ
Ռ	Ձ	Ք	Ն	Ջ	Ա	Զ	Ա	Թ	Ն	Ջ	Ի	Ի	Ե
Ժ	Ա	Յ	Ռ	Ո	Տ	Ն	Ս	Մ	Ը	Հ	Բ	K	Ր
Ց	Ս	P	Պ	Ւ	Է	Ղ	Պ	Մ	Պ	Յ	Ա	Ա	Տ
Զ	Ղ	H	Φ	Ր	Ք	Ֆ	Ֆ	Ւ	A	Ե	Յ	P	Կ
Թ	Ռ	Չ	Ո	Ւ	Ն	Ն	Ե	Ր	Գ	Հ	Ր	Ը	Չ

ԲԱՅ
ԿԵՏԵՐ
ՀԵՏԱԶՈՏՈՂ
ՊԱՀՊԱՆՈՒՄ
ԱՇԽԱՐՀԱՄԱՍ
ՋՈՒՐ
ՏԵՍԱԿՆԵՐ
ԱՐՇԱՎԱԽՄԲԻ
ՍԱՌՈՒՅՑ
ՍԱՌՑԱԴԱՇՏԵՐ
ԿՂԶԻՆԵՐ
ՄԻԳՐԱՑԻԱՅԻ
ՀԱՆՔԱՅԻՆ
ԱՄՊԵՐ
ԹՌՉՈՒՆՆԵՐ
ԹԵՐԱԿՂԶԻ
ԺԱՅՌՈՏ
ԳԻՏԱԿԱՆ

68 - Professions #2

Կ	Բ	Գ	Վ	Ջ	Ե	Օ	Դ	Ա	Չ	Ո	Ւ	Ա	Հ
Ե	Ի	Ժ	E	Խ	Ն	Ր	Ե	Գ	Ն	Վ	Ց	Տ	Ե
Ն	Ն	E	Ի	H	H	Չ	Տ	Յ	Կ	Ի	Լ	Ա	Տ
Ս	Ժ	Կ	Մ	Շ	Ռ	Է	Ե	Ո	Ա	Ր	Ե	Մ	Ա
Ա	Ե	Ք	Ա	Հ	Կ	Ր	Կ	Ւ	Ր	Ա	Զ	Ն	Զ
Բ	Ն	Պ	A	Ր	Ճ	Ջ	Տ	Տ	Ա	Բ	Վ	Ա	Ո
Ա	Ե	Չ	H	Լ	Ի	Մ	Ի	Ա	Գ	Ո	Ա	Բ	Տ
Ն	Ր	E	Ծ	Պ	Յ	Չ	Վ	Ր	Ր	Ւ	Բ	Ո	Ո
Փ	Ի	Լ	Ի	Ս	Ո	Փ	Ա	Ա	Ո	Յ	Ա	Ւ	Ղ
Լ	Ր	Ա	Գ	Ր	Ո	Ղ	A	Ր	Ղ	Ժ	Ն	Յ	Ճ
Լ	Ո	Ւ	Ս	Ա	Ն	Կ	Ա	Ր	Ի	Չ	Ի	Ժ	Ր
Կ	H	Դ	Բ	Ս	Ձ	Ո	Ւ	Ս	Ո	Ւ	Ց	Ի	Չ
Օ	Ծ	Դ	Ֆ	Ղ	P	Ց	Ա	Յ	Գ	Ե	Պ	Ա	Ն
Գ	Ր	Ա	Դ	Ա	Ր	Ա	Ն	Ա	Վ	Ա	Ր	Ժ	Ճ

ԳՐԱԴԱՐԱՆԱՎԱՐ
ԿԵՆՍԱԲԱՆ
ՀԵՏԱԶՈՏՈՂ
ՎԻՐԱԲՈՒՅԺ
ԱՏԱՄՆԱԲՈՒՅԺ
ԴԵՏԵԿՏԻՎ
ՈՒՍՈՒՑԻՉ
ՆԿԱՐԱԳՐՈՂ
ԻՆԺԵՆԵՐ
ԳՅՈՒՏԱՐԱՐ
ԱՅԳԵՊԱՆ
ԼՐԱԳՐՈՂ
ԼԵԶՎԱԲԱՆ
ԲԺԻՇԿ
ՆԿԱՐԻՉ
ՓԻԼԻՍՈՓԱ
ԼՈՒՍԱՆԿԱՐԻՉ
ՕԴԱՉՈՒ

69 - Les Abeilles

Բ	Մ	Ե	Ղ	Ր	Չ	H	Չ	H	Բ	Ք	Փ	Ծ	E
Ձ	Ո	Ձ	H	H	Գ	Տ	Է	Կ	Ռ	Ջ	Ջ	H	L
Ռ	Պ	Ւ	Փ	Ե	Ե	Ք	Կ	Ռ	Ծ	Շ	Ը	Չ	Դ
Ծ	Օ	E	Յ	Փ	Ո	Փ	Ո	Փ	Ո	Խ	Ո	Ղ	Է
Ր	Ա	Շ	Ց	Ս	Ֆ	Ռ	Հ	Ս	Ն	Ո	Ւ	Ն	Դ
Շ	Յ	Ղ	Մ	Փ	Ե	Թ	Ա	Կ	Կ	Փ	Ը	Մ	Յ
Օ	Գ	Չ	Ի	Ջ	Ր	Ր	Մ	Ո	Մ	Ր	Գ	Ե	Ր
Շ	Ի	K	Ձ	Կ	Թ	Կ	Ա	P	Յ	Ռ	K	Թ	Պ
Ա	Ա	Ղ	Ա	Ռ	Ն	Թ	Կ	Ձ	L	E	Թ	Ա	Ո
Ր	Գ	Հ	Տ	Ջ	Վ	Ե	Ա	Ծ	Ո	Ւ	Խ	Գ	L
Ե	Յ	Հ	Ա	Ւ	Գ	Ւ	Ր	Ճ	Շ	Խ	Է	Ո	Ե
Ւ	Ռ	Ա	Մ	Վ	Տ	Ե	Գ	L	Ի	Ժ	H	Ւ	Ն
Ձ	Ւ	Մ	Ի	Շ	Ե	Ր	Ճ	Ս	Ն	Ւ	Կ	Հ	Հ
Պ	Ն	Ջ	Ը	Շ	L	Տ	Ճ	Մ	H	Ւ	Ժ	Ի	P

ԹԵՒԵՐ
ՇԱՀԱՎԵՏ
ՄՈՄ
ԵՐԹ
ԷԿՈՀԱՄԱԿԱՐԳ
ԾԱՂԻԿՆԵՐ
ՄՐԳԵՐ
ԾՈՒԽ
ՄԻՋԱՏ
ԱՅԳԻ
ՄԵՂՐ
ՍՆՈՒՆԴ
ԲՈՒՅՍԵՐ
ՊՈԼԵՆ
ՓՈՓՈԽՈՂ
ԹԱԳՈՒՀԻ
ՓԵԹԱԿ
ԱՐԵՒ

70 - Dinosaures

Ւ	Ք	Լ	Խ	Հ	K	Լ	P	Ժ	Ա	Խ	Գ	Մ	Տ
Ր	Ծ	K	Գ	Կ	Ս	Օ	P	K	Ն	Գ	Ի	Ա	Ե
Ձ	Ր	Ո	A	Ղ	Թ	Կ	Ֆ	Ֆ	Հ	Ն	Շ	Մ	Ս
Չ	Կ	Ֆ	Ի	Ն	Թ	Ե	Ա	Ն	Ե	Ս	Ա	Ո	Ա
Հ	Պ	Մ	H	Խ	Ե	K	Ձ	Յ	Տ	P	Տ	Ն	Կ
Է	Վ	Ո	Լ	Ո	Ւ	Ց	Ի	Ա	Ա	Ի	Ի	Տ	Ն
Հ	E	Հ	Չ	P	Ե	Փ	Ա	E	Ց	Կ	Չ	Ծ	Ե
Զ	Ը	Ե	Հ	Ե	Ր	Բ	Ի	Վ	Ո	Ր	Ա	Բ	Ր
Ո	Ա	Ր	Ա	Տ	Ա	Վ	Ո	Ր	Ւ	Ս	Փ	Ն	Է
Ր	Դ	Կ	Յ	Ն	Ս	Զ	Ե	Պ	Մ	Ե	Ծ	Հ	Լ
Զ	Ֆ	Ի	Օ	Մ	Ն	Ի	Վ	Ո	Ր	Ե	P	Ֆ	K
A	Խ	Ր	Ք	P	Լ	Լ	Չ	Ծ	Դ	Ղ	Ջ	Զ	Փ
Ն	Ա	Խ	Ա	Պ	Ա	Տ	Մ	Ա	Կ	Ա	Ն	A	Ճ
Յ	Ա	Ք	Ֆ	Ս	Դ	Ս	Ո	Ղ	Ո	Ւ	Ն	Յ	Շ

ԹԵՒԵՐ
ԱՆՀԵՏԱՑՈՒՄ
ՏԵՍԱԿՆԵՐ
ՀՍԿԱՅԱԿԱՆ
ԷՎՈԼՈՒՑԻԱ
ՄԵԾ
ՀԵՐԲԻՎՈՐ
ՄԱՄՈՆՏ
ՕՄՆԻՎՈՐԵ

ՆԱԽԱՊԱՏՄԱԿԱՆ
ՀԶՈՐ
ՊՈՉ
ԳԻՇԱՏԻՉ
ՍՈՂՈՒՆ
ՉԱՓ
ԵՐԿԻՐ
ԱՐԱՏԱՎՈՐ

71 - Automne

Ց	Ռ	Ա	Տ	Խ	A	E	Կ	Ւ	K	Ց	Ֆ	Փ	Ա
Ո	Ք	Խ	Ո	Յ	Ռ	Ս	Չ	L	Թ	Դ	A	Ա	Մ
Խ	Թ	Ծ	Ռ	Ո	Ղ	H	Ջ	Շ	Ի	Ե	Ե	Ռ	Ի
Հ	Ր	Դ	Ե	Հ	Ն	Ե	Ր	Զ	Ե	Մ	Ղ	Ա	Ս
K	Ս	Մ	Է	Ք	Վ	Ի	Ն	Ո	Ք	Ս	Ա	Տ	Ն
Ֆ	Ե	E	Ի	L	Շ	K	Կ	Ե	Ժ	Ռ	Ն	Ո	Ե
Ն	Ջ	Մ	Ս	Գ	Բ	Չ	H	Թ	Ֆ	Ը	Ա	Ն	Ր
Ց	Ո	Ե	Ջ	Ա	Ր	Ր	Ի	Է	Փ	Խ	Կ	Թ	Ե
Պ	Ն	Ս	Ա	Ռ	Ն	Ա	Մ	Ա	Ն	Ի	Ք	Դ	Խ
Շ	Ա	Գ	Ա	Ն	Ա	Կ	Ց	Դ	Կ	Ա	Ղ	Ի	Ն
Ղ	Յ	Դ	Կ	Ա	Թ	Ն	Բ	Ի	Փ	Պ	Ւ	Ջ	Զ
Ո	Ի	Պ	Տ	Ղ	Ա	Տ	Ո	Ւ	Ա	Յ	Գ	Ի	Ո
Բ	Ն	Ո	Ւ	Թ	Յ	Ո	Ւ	Ն	Ջ	Յ	Մ	Հ	Ր
A	Հ	Ա	Գ	Ո	Ւ	Ս	Տ	E	Դ	Ը	Ի	Ճ	Ձ

ՇԱԳԱՆԱԿ
ԿԼԻՄԱ
ԷՔՎԻՆՈՔՍ
ՓԱՌԱՏՈՆ
ՀՐԴԵՀՆԵՐ
ՍԱՌՆԱՄԱՆԻՔ
ԿԱՂԻՆ
ԵՂԱՆԱԿ
ՄԻԳՐԱՑԻԱՅԻ
ԱՄԻՍՆԵՐ
ԲՆՈՒԹՅՈՒՆ
ԽՆՁՈՐ
ՍԵԶՈՆԱՅԻՆ
ՊՏՂԱՏՈՒ ԱՅԳԻ
ՀԱԳՈՒՍՏ

72 - Conduite

L	A	Տ	Ա	P	Վ	Թ	Փ	Ո	Ո	Վ	Մ	Չ	Հ
Բ	Ի	Ճ	Ր	Մ	Տ	Ո	Բ	Ո	Խ	Չ	Ո	Ի	Ե
K	Ծ	Ց	Գ	O	Ա	Ւ	Ե	Թ	Ղ	Փ	Տ	Փ	Տ
Ե	Ո	K	Ե	Տ	Ն	Ն	Ռ	Ռ	Հ	Ո	Ո	Ճ	Ի
Ն	Է	P	L	Ն	Գ	Ե	Ն	Ա	Շ	Խ	Ց	Ա	Ո
Վ	L	O	Ա	P	Չ	L	Ա	Վ	Կ	Ա	Ի	Ն	Տ
Զ	P	Տ	Կ	Ղ	P	Ի	Տ	Տ	Վ	Դ	Կ	Ա	Ն
Ց	Զ	Ժ	Ն	Թ	Դ	Ո	Ա	Ո	Թ	Ր	L	Պ	Ա
Վ	Ա	Ռ	Ե	L	Ի	Ք	Ր	Բ	Ա	Ո	Ռ	Ա	Յ
Ւ	Շ	Ա	Ր	Ժ	Ո	Ւ	Մ	Ո	Ր	Ւ	Ի	Ր	Ի
Մ	Ո	Տ	Ո	Ր	Ս	P	K	Ւ	Ժ	Մ	H	Հ	Ն
Ա	Վ	Տ	Ո	Տ	Ն	Ա	Կ	Ս	E	Տ	Ճ	Ղ	Բ
Ճ	Մ	Ե	Ք	Ե	Ն	Ա	K	Շ	Գ	Ա	Չ	Կ	Ը
Պ	Ք	Ա	Ր	Տ	Ե	Չ	Ր	Խ	Ղ	Զ	Ֆ	A	Ց

ՎԹԱՐ
ԱՎՏՈԲՈՒՍ
ԲԵՌՆԱՏԱՐ
ՎԱՌԵԼԻՔ
ՔԱՐՏԵՉ
ՎՏԱՆԳ
ԱՐԳԵԼԱԿՆԵՐ
ԱՎՏՈՏՆԱԿ
ԳԱԶ
ԼԻՑԵՆԶԻԱ
ՄՈՏՈՐ
ՄՈՏՈՑԻԿԼ
ՀԵՏԻՈՏՆԱՅԻՆ
ՃԱՆԱՊԱՐՀ
ՓՈՂՈՑ
ՇԱՐԺՈՒՄ
ՓՈԽԱԴՐՈՒՄ
ԹՈՒՆԵԼ
ՄԵՔԵՆԱ

73 - Plantes

Չ	Ժ	Ռ	Ր	Մ	Ս	H	Ձ	Ե	Չ	Ւ	P	Ֆ	Փ
Տ	K	Ռ	Պ	Ա	Հ	Ա	Ճ	Ե	Լ	Յ	Ֆ	Ջ	Ե
Ր	Ճ	Չ	Օ	Մ	Ա	Ր	Ղ	Բ	Ջ	Ժ	Լ	Լ	Ո
Ր	Լ	H	Ս	Ո	Տ	Մ	Կ	Ա	Կ	Տ	Ո	Ւ	Ս
Բ	Ո	Ւ	Շ	Ւ	Ա	Ա	Փ	Մ	Ր	Ջ	Ր	Թ	Լ
Բ	Բ	Ս	Ս	Ռ	Պ	Տ	Չ	Բ	Ֆ	Թ	Ա	Ե	Վ
Ա	Ի	Ո	Ա	Ծ	Տ	Ե	E	Ո	Դ	Լ	Ր	Ր	E
Յ	Հ	Ի	Մ	Ք	Ո	Ր	Յ	Ո	Ճ	Ե	Ե	Ձ	Օ
Գ	Կ	Ս	Հ	Ձ	Ւ	Ե	Գ	P	K	Շ	Ւ	Ս	Ռ
Ի	Ծ	Ք	Ֆ	Ծ	Ղ	Ւ	H	Ծ	Մ	Ֆ	Ղ	Ի	Օ
Խ	Ը	Ւ	Ժ	Խ	Լ	Չ	Վ	Ա	Ա	Վ	Ժ	Հ	Պ
Ա	Ն	Տ	Ա	Ռ	Ո	A	Յ	Ռ	Լ	Ղ	Դ	Պ	Յ
H	Ս	Տ	Բ	Խ	K	Տ	Ի	Ն	Պ	Վ	Ի	Խ	Չ
Պ	Ա	Ր	Ա	Ր	Տ	Ա	Ն	Յ	Ո	Ւ	Թ	Կ	Ց

ԾԱՌ
ՀԱՏԱՊՏՈՒՂ
ԲԱՄԲՈՈ
ԲՈՒՇ
ԿԱԿՏՈՒՍ
ՊԱՐԱՐՏԱՆՅՈՒԹ
ՍԱՂԱՐԹ
ՏԵՐԵՒ
ԾԱՂԻԿ
ՖԼՈՐԱ

ԱՆՏԱՌ
ԱՃԵԼ
ԼՈԲԻ
ԽՈՏ
ԱՅԳԻ
ՄԱՄՈՒՌ
ԹԵՐ
ԱՐՄԱՏ
ԱՐԵՒ
ՀԻՄՔ

74 - Ferme #2

Ա	Ռ	Ե	Ջ	Ո	Լ	Ւ	Ղ	Ի	Կ	Ե	Բ	Բ	Է
Ռ	Կ	Կ	Ք	E	Յ	Ա	K	Փ	Ե	Գ	Ա	Ր	Ի
Տ	Ր	Ա	Կ	Տ	Ո	Ր	Մ	Բ	Ն	Ի	Ա	Տ	Ս
Մ	Լ	Խ	E	Վ	Վ	K	Ա	Ա	Դ	Պ	Պ	Մ	Ն
Է	Ր	Շ	Ն	Յ	Ի	Բ	Ր	Դ	Ա	Տ	Տ	Ղ	Ո
Ձ	Կ	Գ	Խ	Ց	Վ	A	Գ	Տ	Ն	Ա	Ղ	Ա	Ւ
Ի	Ի	Չ	Ե	Ո	Դ	Ց	Ա	Թ	Ի	Ց	Ա	Ս	Ն
Ե	Ո	Ծ	E	Ր	Ց	K	Գ	Պ	Ն	Ո	Տ	Ջ	Դ
Պ	Ռ	Գ	Ղ	Ե	Խ	Յ	Ե	Մ	Ե	Ր	Ո	Ա	Ֆ
Պ	Ո	Ա	Շ	Ն	Գ	Է	Տ	Փ	Ր	Ե	Ւ	P	Ե
Մ	Գ	Ռ	Ք	Յ	H	Ղ	Ի	Ե	Շ	Ն	Ա	Յ	Ր
Բ	Ո	Ւ	Ս	Ա	Կ	Ա	Ն	Թ	Փ	Տ	Յ	Ց	Մ
Դ	Ւ	Կ	Ժ	Փ	Ո	Չ	Խ	Ա	Ր	Մ	Գ	Ճ	Ե
Ւ	Մ	Ժ	Ջ	Չ	Շ	Ձ	Շ	Կ	Ա	Թ	Ի	Ծ	Ր

ԳԱՌ
ՖԵՐՄԵՐ
ԿԵՆԴԱՆԻՆԵՐ
ՅՈՎԻՎ
ՑՈՐԵՆ
ԲԱԴ
ՄՐԳԵՐ
ԳԱՄ
ՈՌՈԳՈՒՄ
ԿԱԹ
ԼԱՄԱ
ԲՈՒՍԱԿԱՆ
ԵԳԻՊՏԱՑՈՐԵՆ
ՈՉԽԱՐ
ՍՆՈՒՆԴ
ԳԱՐԻ
ՄԱՐԳԱԳԵՏԻՆ
ՓԵԹԱԿ
ՏՐԱԿՏՈՐ
ՊՏՂԱՏՈՒ ԱՅԳԻ

75 - École #1

Պ	Մ	Մ	Ւ	Գ	Գ	Յ	Ք	Պ	Ձ	Բ	Լ	Ը	Զ
Ա	Ա	K	Ծ	Ք	Ր	Ծ	Մ	Ն	Տ	Խ	Լ	Ն	Թ
Տ	Թ	Վ	Ց	Ձ	Ք	Ա	Ռ	Ն	E	Ձ	Ն	Կ	Դ
Ա	Ե	Բ	Յ	Ա	Ե	Ն	Ս	Ո	Վ	Ո	Ր	Ե	Լ
Ս	Մ	Գ	Ե	Գ	Ր	Ե	Լ	Ե	Ս	Ս	Ի	Ր	Ֆ
Խ	Ա	Ժ	Ր	Ճ	Ղ	H	Ք	E	Ղ	P	E	Ն	Կ
Ա	Տ	Ր	Մ	Ա	Տ	Ի	Տ	E	Չ	Ա	Պ	Ե	Ն
Ն	Ի	E	Պ	Շ	Դ	Խ	Փ	Կ	Լ	Թ	Ն	Ր	Տ
Ն	Կ	Շ	Ք	Բ	Ք	Ա	Ւ	Փ	Թ	Ո	Ւ	Ղ	Թ
Ե	Ա	Ծ	Ց	H	Խ	Ռ	Ր	H	Ջ	Ռ	Ց	Ք	Վ
Ր	Ժ	Ա	Մ	Ա	Ն	Ց	Ո	Ա	Շ	Ք	Բ	Է	Ե
Մ	Ա	Ր	Կ	Ե	Ր	Ն	Ե	Ր	Ն	Ռ	Ժ	H	Ր
Ձ	Լ	Ն	Դ	Յ	Ջ	Ո	Ւ	Ս	Ո	Ւ	Ց	Ի	Չ
Թ	Ղ	Թ	Ա	Պ	Ա	Ն	Ա	Կ	Ն	Ե	Ր	Ք	Կ

ԸՆԿԵՐՆԵՐ
ԺԱՄԱՆՑ
ՍՈՎՈՐԵԼ
ԳՐԱԴԱՐԱՆ
ԳՐԱՍԵՂԱՆ
ԱԹՈՌ
ՄԱՏԻՏ
ՃԱՇ
ԹՂԹԱՊԱՆԱԿՆԵՐ

ՈՒՍՈՒՑԻՉ
ԳՐԵԼ
ԳՐՔԵՐ
ՄԱՐԿԵՐՆԵՐ
ՄԱԹԵՄԱՏԻԿԱ
ԹՎԵՐ
ԹՈՒՂԹ
ՊԱՏԱՍԽԱՆՆԵՐ

76 - Vacances #2

Վ	Ր	Ա	Ն	Օ	Ծ	Դ	Վ	Լ	Ժ	Ե	Ը	H	Ք
Հ	Ռ	Ե	Ս	Տ	Ո	Ր	Ա	Ն	Փ	H	Ֆ	K	Ի
Կ	Յ	Լ	Փ	Ա	Վ	Ճ	Չ	Թ	Տ	Ղ	Ճ	H	Օ
Ղ	Թ	Ո	Լ	Ր	Լ	Վ	Ի	Զ	Ա	Ր	Շ	Ա	Վ
Զ	Ը	Ղ	Ւ	Գ	Տ	Ե	Ծ	Դ	Ք	Ծ	Խ	Ն	Ձ
Ի	Ժ	Ա	Ռ	Ր	Ս	Ժ	Ռ	Ց	Ս	Չ	Յ	Ձ	Բ
Ո	Ղ	Փ	Ձ	Ն	Ա	Գ	Ը	Ն	Ի	Ճ	Ւ	Ն	Ձ
P	Ժ	Ձ	Ց	Ց	Ր	Ն	Տ	Հ	Ե	Ս	Ֆ	Ա	Գ
Ժ	Զ	Պ	Հ	Լ	Ս	Ա	Ո	Ե	A	Ր	Յ	Գ	H
Ո	P	Գ	E	Ժ	Չ	Ց	Ձ	Ց	Ո	Ո	Գ	Ի	A
K	Չ	Ն	Զ	Ք	Ժ	Ք	Ա	Ր	Տ	Ե	Զ	Ր	Ե
Փ	Ո	Խ	Ա	Դ	Ր	Ո	Ւ	Մ	Զ	Ո	Կ	Ո	Պ
A	Դ	Հ	A	Ճ	Ն	Շ	Զ	Ս	Ռ	A	Ն	Օ	H
Օ	Դ	Ա	Ն	Ա	Վ	Ա	Կ	Ա	Յ	Ա	Ն	Փ	Ձ

ՕԴԱՆԱՎԱԿԱՅԱՆ
ԱՐՇԱՎ
ՔԱՐՏԵԶ
ՕՏԱՐ
ՀՅՈՒՐԱՆՈՑ
ԿՂԶԻ
ԾՈՎ
ԼԵՌՆԵՐ
ԱՆՁՆԱԳԻՐ
ԼՈՂԱՓ
ՌԵՍՏՈՐԱՆ
ՏԱՔՍԻ
ՎՐԱՆ
ԳՆԱՑՔ
ՓՈԽԱԴՐՈՒՄ
ՏՈՆ
ՎԻԶԱ

77 - Temps

Թ	Ս	Օ	Ց	Բ	A	Շ	Ա	Մ	Ի	Ս	Գ	Ե	Ը
Ե	Ջ	Ր	E	Վ	Ո	Խ	Ո	Գ	Ք	Չ	Ի	Մ	Ճ
P	Ժ	Զ	Օ	Ր	Ո	Պ	Ե	Ւ	Շ	L	Շ	Ժ	Ո
Օ	Ծ	Ա	Ն	Ա	Խ	Ք	Ա	Ն	Տ	Ւ	Ե	Ֆ	Ժ
Ր	Հ	Ի	Մ	Ա	Ց	Կ	Զ	Կ	Հ	Ո	Ր	P	Ա
Ա	Տ	Ճ	Ա	Ա	Ե	Ս	Մ	Դ	Դ	Կ	Վ	P	Մ
Ց	Ա	Օ	Ռ	Ծ	Ց	Ձ	Տ	Ն	Ա	Պ	Ա	Գ	Ա
Ո	Ս	Ե	Ա	Խ	Ջ	Ո	Տ	Ա	Ր	Ե	Կ	Ա	Ն
Ւ	Ն	Կ	Վ	A	Օ	Ց	Ւ	Ղ	Ռ	Ն	Մ	Ժ	Ց
Յ	Ա	Օ	Ո	Ե	Ր	Ձ	Խ	Յ	Զ	Ճ	Բ	K	Ր
Ց	Մ	Φ	Տ	Ա	Ր	Ի	Օ	Շ	Ց	Վ	Ջ	Ի	E
Ճ	Յ	Թ	Ֆ	Պ	Հ	Ե	Տ	Ո	K	A	Ճ	P	Ս
Շ	Ա	Բ	Ա	Թ	Հ	Չ	Կ	Ե	Ս	Օ	Ր	Ճ	Օ
Վ	Կ	Խ	Օ	Դ	Ք	Ֆ	Ա	Թ	Ս	Ճ	Յ	Ռ	Ա

ՏԱՐԻ
ՏԱՐԵԿԱՆ
ՀԵՏՈ
ՆԱԽՔԱՆ
ՇՈՒՏՈՎ
ՕՐԱՑՈՒՅՑ
ՏԱՍՆԱՄՅԱԿ
ԱՊԱԳԱ
ԺԱՄ
ԵՐԵԿ
ԺԱՄԱՑՈՒՅՑ
ՕՐ
ՀԻՄԱ
ԱՌԱՎՈՏ
ԿԵՍՕՐ
ՐՈՊԵ
ԱՄԻՍ
ԳԻՇԵՐ
ՇԱԲԱԹ
ԴԱՐ

78 - Maison

Ռ	Է	Է	Ա	Ա	Ց	Յ	Ֆ	E	Ճ	Ը	Հ	Տ	Բ
Ո	Տ	Կ	Գ	Ր	Ա	Դ	Ա	Ր	Ա	Ն	Ա	Ա	Ա
Ո	Խ	Լ	Ռ	Ձ	Խ	Ե	Ց	P	Գ	Ռ	Յ	Ն	Ն
Ա	Ռ	Ա	Ս	Տ	Ա	Ղ	Գ	Ն	Ֆ	Խ	Ե	Ի	Ա
Յ	Հ	Ս	Պ	Ք	Վ	K	Է	Գ	Ց	H	Լ	Ք	Լ
Գ	Ի	Ա	Ա	Ա	Ե	Վ	Կ	Ծ	Ս	Ո	Ի	Ղ	Ի
Ի	Դ	Վ	Տ	Բ	Լ	Գ	Ի	Չ	Ե	Ժ	Ւ	Է	Ն
Ձ	Խ	Տ	Ո	Ւ	Պ	Ո	Շ	Ճ	Ն	Պ	Ս	Ղ	Ե
Ե	Բ	Ո	Ւ	Խ	Ա	Ր	Ի	Խ	Յ	Ջ	Ա	Ճ	Ր
Ռ	Է	Տ	Հ	Ո	Յ	Գ	E	Լ	Ա	Մ	Պ	Տ	Ը
Ն	Է	Ն	Ա	Ա	Ր	Ջ	Փ	Ժ	Կ	Ծ	Ւ	Օ	Ը
Ա	Ւ	Ա	Ն	Ծ	Ն	Ծ	Է	Թ	Խ	Յ	Փ	Ձ	Ճ
Ր	Պ	Կ	Փ	Ա	Դ	Ո	Ւ	Ռ	Ճ	Ո	Ւ	Ջ	Շ
Կ	Տ	Ո	Ս	Թ	Կ	Գ	Ց	Վ	Ղ	Գ	Ջ	Ռ	Փ

ՑԱԽԱՎԵԼ
ԳՐԱԴԱՐԱՆ
ՍԵՆՅԱԿ
ԲՈՒԽԱՐԻ
ԲԱՆԱԼԻՆԵՐԸ
ԽՈՀԱՆՈՑ
ՑՆՑՈՒՂ
ՊԱՏՈՒՀԱՆ
ԱՎՏՈՏՆԱԿ
ՁԵՌՆԱՐԿ
ԱՅԳԻ
ԼԱՄՊ
ՀԱՅԵԼԻ
ՊԱՏ
ԱՌԱՍՏԱՂ
ԴՈՒՌ
ԳՈՐԳ
ՏԱՆԻՔ

79 - Légumes

A	Ի	Օ	Ս	Մ	Բ	Ո	Ւ	Կ	Բ	K	Ս	Ն	Ջ
Ձ	Ի	Թ	Ա	Պ	Տ	Ո	Ւ	Ղ	Ր	Ջ	Ո	Կ	Ս
Ս	Ն	Մ	Ա	Ղ	Ա	Դ	Ա	Ն	Ո	Ս	Խ	Ո	Փ
Է	Ի	Ե	A	Օ	Դ	Ն	Շ	Չ	Կ	Ո	A	Ճ	Լ
Չ	Թ	Ս	Խ	Ը	Դ	Դ	Ա	Ֆ	Կ	Ւ	Ի	Ա	Ո
Ծ	Ո	Չ	Ե	Ո	Ո	Յ	Ղ	Խ	Ո	Ն	Ս	Պ	Վ
Գ	Ճ	Ն	Վ	Ռ	Ւ	Չ	Գ	Լ	Լ	Կ	Օ	Ղ	Կ
Ա	Ղ	Ց	Ա	Ն	Մ	Ր	Ա	Ո	Ի	Ձ	Պ	Պ	Լ
Ջ	Դ	Ս	Խ	Տ	Ո	Ր	Մ	Լ	Ն	Օ	Յ	Ե	Գ
Ա	Շ	Ա	Լ	Ո	Տ	Ֆ	Փ	Ի	Ե	Ւ	Լ	Ղ	K
Ր	Ա	Ր	Տ	Ի	Ճ	Ո	Ւ	Կ	Բ	Ա	Ս	Պ	K
Օ	Լ	Փ	Փ	Շ	Ջ	Վ	Ա	Ր	Ո	Ւ	Ն	Գ	Մ
Ջ	Ս	Լ	Ջ	Ֆ	Ղ	Ի	E	Կ	Ղ	Ձ	Ն	Ո	Ճ
Ս	Ռ	Յ	Մ	Կ	Ա	K	Խ	Ջ	Կ	Ղ	Ո	Շ	Ռ

ՍԽՏՈՐ
ԱՐՏԻՃՈՒԿ
ՍՄԲՈՒԿ
ԲՐՈԿԿՈԼԻ
ԳԱԶԱՐ
ՆԵԽՈՒՐ
ՍՈՒՆԿ
ԴԴՈՒՄ
ՎԱՐՈՒՆԳ
ՇԱԼՈՏ
ՍՊԱՆԱԽ
ԿՈՃԱՊՂՊԵՂ
ՇԱՂԳԱՄ
ՍՈԽ
ՁԻԹԱՊՏՈՒՂ
ՄԱՂԱԴԱՆՈՍ
ՍԻՍԵՌ
ԲՈՂԿ
ԱՂՑԱՆ
ԼՈԼԻԿ

80 - Plage

Կ	Ղ	Ծ	Ձ	Մ	Կ	Օ	K	Շ	Է	Զ	Շ	Ո	Օ
Ա	H	Ո	Ձ	Տ	Չ	Ղ	Ծ	Ռ	Ե	Լ	Ի	Ե	Ֆ
Պ	Հ	Վ	Ը	Ց	Յ	Ը	Զ	Վ	Ո	Ո	Ծ	Ո	Վ
Ո	Ո	Ա	Ր	Ե	Ւ	Ջ	Ֆ	Ի	Զ	Ղ	Ղ	Ր	Ճ
Ւ	Վ	Ծ	Կ	Ռ	Ղ	Ե	Ծ	Ճ	Ե	Ա	Ա	Ե	Դ
Յ	Ա	Ո	Չ	Լ	Խ	A	Փ	Ի	Լ	Լ	Վ	Ջ	Ջ
Տ	Ն	Ց	Թ	Ձ	Գ	Ւ	Ո	Օ	P	Ե	Ա	Ը	Խ
Ց	Ո	Ա	Ր	Ձ	Ա	Կ	Ո	Ւ	Ր	Դ	Զ	Չ	Ծ
Ս	Ց	Օ	Վ	Կ	Ի	Ա	Ն	Ո	Ս	Ր	Բ	Ի	Չ
Յ	Թ	Ձ	Լ	Ա	Ը	Բ	Փ	Օ	Ժ	Վ	Ձ	Ղ	A
Ւ	Ռ	Ճ	Տ	Ռ	Կ	Ս	Ա	Յ	Լ	Բ	Ո	Ա	Տ
Ծ	Ո	Վ	Ա	Խ	Ե	Ց	Գ	Ե	Տ	Ի	Ն	Շ	H
Ս	Ա	Ն	Դ	Ա	Լ	Ն	Ե	Ր	P	Ի	Ճ	Չ	Թ
Ց	Ք	Յ	A	Ւ	Բ	Ղ	E	Ը	Թ	Կ	Զ	Տ	Է

ՆԱՎԱԿ
ԿԱՊՈՒՅՏ
ԱՓ
ԾՈՎԱԽԵՑԳԵՏԻՆ
ԿՂԶԻ
ԾՈՎԱՃՈՑ
ԾՈՎ
ԼՈՂԱԼ
ՕՎԿԻԱՆՈՍ
ՀՈՎԱՆՈՑ
ՌԵԼԻԵՖ
ԱՎԱԶ
ՍԱՆԴԱԼՆԵՐ
ՍՐԲԻՉ
ԱՐԵՒ
ԱՐՁԱԿՈՒՐԴ
ՍԱՅԼԲՈԱՏ

81 - Vacances #1

Ե	Մ	Թ	Պ	Մ	Ե	Կ	Ն	Ո	Ւ	Մ	Դ	Ճ	Բ
Տ	Ր	Ր	Ա	Թ	Ա	Ն	Գ	Ա	Ր	Ա	Ն	Փ	Ո
Ո	Թ	Թ	Յ	Շ	Օ	Ռ	K	Ծ	Ը	Ջ	Ձ	Չ	Ը
Ւ	Ա	Ո	Ո	Ղ	Լ	Մ	Ա	Ք	Ս	Ա	Յ	Ի	Ն
Ր	Ր	Ո	Ւ	Ւ	Ո	Ց	Հ	Տ	Դ	Ծ	Բ	Փ	Ւ
Ի	Ժ	Հ	Ս	Լ	Ղ	Ճ	Ա	Մ	Պ	Ր	Ո	Ւ	Կ
Ս	Ո	Ի	Ա	Գ	Ա	Ի	Ն	Ք	Ն	Ա	Թ	Ի	Ռ
Տ	Ւ	Տ	Կ	Ն	Լ	Ց	Կ	Թ	Չ	Ճ	Բ	Կ	Բ
Մ	Յ	Ր	A	Ա	Ղ	Օ	Ո	Ձ	Շ	Բ	Ձ	Ի	Ե
Ե	Թ	Ա	Լ	Լ	Ձ	H	Վ	Ւ	Ծ	Բ	Գ	Ծ	Ի
Ք	Ը	Մ	P	Ի	Ջ	Գ	Լ	E	Մ	Թ	Ջ	Ց	Տ
Ե	K	Վ	Դ	Լ	Ճ	Հ	Ո	Վ	Ա	Ն	Ո	Ց	Ո
Ն	Մ	Ա	Ա	Ր	Շ	Ա	Վ	Ա	Խ	Մ	Բ	Ի	Մ
Ա	Խ	Յ	Օ	Խ	Է	Ց	Գ	Ք	Դ	Տ	Ց	P	Ս

ԳՆԱԼ
ԻՆՔՆԱԹԻՌ
ՏՈՄՍ
ԱՐԺՈՒՅԹ
ՄԵԿՆՈՒՄ
ՄԱՔՍԱՅԻՆ
ԱՐՇԱՎԱԽՄԲԻ
ԵՐԹՈՒՂԻ
ԼԻՃ
ԹԱՆԳԱՐԱՆ
ԼՈՂԱԼ
ՀՈՎԱՆՈՑ
ԹՈՒԼԱՑՈՒՄ
ՊԱՅՈՒՍԱԿ
ՏՈՒՐԻՍՏ
ՏՐԱՄՎԱՅ
ՃԱՄՊՐՈՒԿ
ՄԵՔԵՆԱ

82 - Famille

Է	Հ	Ա	Յ	Ր	Ջ	Ճ	Տ	H	Կ	Ք	Մ	Ե	Օ
Ք	Ե	Ո	Ե	Թ	K	Կ	Դ	Ա	Շ	Ը	Ա	Ղ	Ք
Մ	Տ	Ն	Մ	A	O	Պ	Ր	Ո	Տ	Ք	Յ	Բ	Ո
Հ	Ա	Յ	Ր	Ա	Կ	Ա	Ն	Ա	Ւ	Ի	Ր	Ա	Ւ
K	Ջ	Ն	Ռ	Վ	Ո	Պ	Ա	Մ	Փ	Ս	Կ	Յ	Յ
Ն	Գ	Մ	Կ	E	Ժ	Ի	Խ	Ո	Ք	Կ	Տ	Ր	Ր
Ք	Ո	Ռ	Ժ	Ո	Դ	Կ	Ա	Ւ	Ֆ	Ի	Ւ	Ր	Ա
Ձ	Ւ	Ի	Ծ	Ե	Ւ	A	Հ	Ս	Զ	Վ	Ֆ	Զ	Ո
Ե	Ր	Ե	Խ	Ա	O	Թ	Ա	Ի	Կ	Ի	Ն	Ը	Ւ
Խ	Ս	Ե	Ճ	Ո	Փ	Խ	Յ	Ն	K	Ւ	Ի	K	Ն
Ե	Ր	Ե	Խ	Ա	Ն	Ե	Ր	Ո	Պ	Ը	Ը	Ց	Տ
Հ	Ո	Ր	Ե	Ղ	Բ	Ա	Յ	Ր	Ւ	Յ	Ղ	K	Վ
Չ	Տ	H	Տ	Ջ	Ա	Ր	Մ	Ի	Կ	Ն	P	Ջ	Ծ
Մ	Ա	Յ	Ր	Ա	Կ	Ա	Ն	Ֆ	Դ	Ֆ	Է	Ժ	Է

ՆԱԽԱՀԱՅՐ
ՋԱՐՄԻԿ
ՄԱՆԿՈՒԹՅՈՒՆ
ԵՐԵԽԱ
ԵՐԵԽԱՆԵՐ
ԿԻՆԸ
ԴՈՒՍՏՐ
ԵՂԲԱՅՐ
ՏԱՏԻԿ
ՊԱՊԻԿ
ԱՄՈՒՍԻՆ
ՄԱՅՐԱԿԱՆ
ՄԱՅՐ
ՀԵՏԱՋԳՈՒՐՍ
ՀՈՐԵՂԲԱՅՐ
ՀԱՅՐԱԿԱՆ
ՀԱՅՐ
ՔՈՒՅՐ
ԱՈՒՆՏ

83 - Oiseaux

Դ	Թ	Ո	Ւ	Թ	Ա	Կ	Կ	Н	Ր	Դ	Տ	Հ	Գ
Ե	Ղ	Չ	Ղ	Փ	Գ	Ր	Ջ	Կ	Լ	Ս	Ե	Ա	Ր
К	Ծ	Չ	Լ	Ա	Ռ	Ս	Ա	Գ	Ո	Բ	Ր	Վ	Բ
Н	Ձ	Ո	Ւ	Գ	Ա	Հ	Յ	Գ	Պ	Ւ	Ծ	Ա	Ա
Մ	Ծ	Ա	Տ	Մ	Վ	Ք	Լ	Յ	Ի	Ֆ	Կ	Լ	Դ
Ա	Ր	Ծ	Ի	Վ	Ջ	Մ	Ա	Խ	Ն	Լ	К	Ո	Ց
Ղ	Լ	Ք	Ժ	Ւ	Ձ	Փ	Մ	Ս	Գ	Ա	А	Ւ	Ճ
Կ	Լ	Е	К	Ց	Լ	Ճ	Ը	Ի	Վ	Մ	Н	Ս	Գ
Ֆ	Ա	Ա	Ղ	Ա	Վ	Ն	Ի	Ր	Ի	Ի	А	Ն	Е
Հ	Ե	Ր	Ո	Ն	Յ	Ճ	Ը	Ա	Ն	Ն	Р	Е	Ր
Ա	Յ	Մ	Ա	Բ	Ր	Ղ	Կ	Մ	Թ	Գ	Е	Յ	Ա
Վ	Ի	Չ	Օ	Պ	Չ	Ո	Բ	Ա	Ա	Ո	Й	Չ	Ր
А	Տ	Դ	Չ	Ր	Տ	Ւ	Ո	Ր	Ժ	Ծ	К	Պ	Տ
Բ	Փ	Կ	К	Յ	Չ	Կ	Ւ	Գ	Է	Խ	А	Չ	Կ

ԱՐԾԻՎ
ՋԱՅԼԱՄ
ԲԱԴ
КАНАРЕЙКА
ԱՐԱԳԻԼ
ԱԳՌԱՎ
ԿԿՈՒԿ
ԿԱՐԱՊ
ՖԼԱՄԻՆԳՈ
ՀԵՐՈՆ
ԲՈՒ
ՊԻՆԳՎԻՆ
ՃՆՃՂՈՒԿ
ՁՈՒ
ՍԱԳ
ՍԻՐԱՄԱՐԳ
ԹՈՒԹԱԿ
ՀԱՎԱԼՈՒՍՆ
ԱՂԱՎՆԻ
ՀԱՎ

84 - Disciplines Scientifiques

Ի	Հ	Ն	Ա	Գ	Ի	Տ	Ո	Ւ	Թ	Յ	Ո	Ւ	Ն
Մ	Մ	Ե	Խ	Ա	Ն	Ի	Կ	Ա	Ս	Ն	Հ	Լ	Ֆ
Ո	Լ	Պ	Գ	Ը	Բ	Պ	Յ	Տ	Ն	Փ	Ջ	Կ	Ի
Ւ	Չ	Թ	Ս	Ց	Է	Ն	K	Ք	Ո	Ե	Ս	Ե	Զ
Ն	Հ	A	E	Ղ	Վ	A	Է	Յ	Ւ	Ո	Ո	Ն	Ի
Ո	K	Ա	Ո	Խ	Ֆ	O	Ռ	Զ	Ց	E	Ց	Ս	Ո
Լ	Կ	Ի	Ն	Ե	Զ	Ի	Ո	Լ	Ո	Գ	Ի	Ա	Լ
Ո	Ւ	Փ	Ծ	Ք	Ռ	Ժ	Բ	Ֆ	Ւ	P	Ո	Ք	Ո
Գ	H	O	O	Լ	Ա	Ո	Ո	Ո	Մ	O	Լ	Ի	Գ
Ի	Լ	Է	Է	Ճ	E	Յ	Տ	Ջ	Լ	Ո	Ո	Մ	Ի
Ա	Թ	Ծ	Զ	Ղ	Ս	Ք	Ի	Մ	Ի	Ա	Գ	Ի	Ա
Ֆ	Ի	Զ	Ի	Կ	Ա	Մ	Կ	Ն	Հ	Ս	Ի	Ա	Ո
Է	Կ	Ո	Լ	Ո	Գ	Ի	Ա	Զ	Պ	Ս	Ա	Դ	A
Ա	Ն	Ա	Տ	Ո	Մ	Ի	Ա	Ր	Թ	Ժ	Տ	H	Ր

ԱՆԱՏՈՄԻԱ
ՀՆԱԳԻՏՈՒԹՅՈՒՆ
ԿԵՆՍԱՔԻՄԻԱ
ՔԻՄԻԱ
ԷԿՈԼՈԳԻԱ
ԻՄՈՒՆՈԼՈԳԻԱ
ԿԻՆԵԶԻՈԼՈԳԻԱ
ՄԵԽԱՆԻԿԱ
ՀԱՆՔԱՅԻՆ
ՍՆՈՒՑՈՒՄ
ՖԻԶԻՈԼՈԳԻԱ
ՖԻԶԻԿԱ
ՌՈԲՈՏԻԿԱ
ՍՈՑԻՈԼՈԳԻԱ

85 - Émotions

Ե	Ք	Հ	Ա	Շ	Ս	Ե	Ր	Ց	P	Պ	Ո	Խ	Բ
Յ	Ն	Ա	Տ	Ն	Բ	Գ	Վ	Հ	Շ	Ց	Ւ	Ա	Ա
Փ	Ք	Ն	Խ	Ո	Ա	Մ	Ձ	Ա	Ր	Ը	Ր	Ղ	Վ
Հ	Շ	Գ	Ր	Ր	Ր	Կ	Ա	Մ	Ը	Ա	Ա	Ա	Ա
Ո	Ո	Ս	Ո	Հ	Ո	Շ	Ն	Ա	Ո	Ց	Խ	Ղ	Ր
Ւ	Ւ	Տ	Ւ	Ա	Ւ	Ք	Ձ	Կ	Վ	Ն	Ո	Ո	Ա
Զ	Թ	Ո	Թ	Կ	Թ	Մ	Ր	Ր	Ա	Վ	Ւ	Ւ	Ր
Վ	Յ	Ւ	Յ	Ա	Յ	Ժ	Ո	Ա	Խ	Լ	Թ	Թ	Վ
Ա	Ո	Թ	Ո	Լ	Ո	A	Ւ	Ն	Տ	Զ	Յ	Յ	Ա
Ծ	Ւ	Յ	Ւ	Թ	Ւ	Ծ	Յ	Ք	Ա	Շ	Ո	Ո	Ծ
P	Ն	Ո	Ն	Ը	Ն	Թ	Թ	A	Ւ	Ւ	Ւ	Ւ	Մ
Բ	Փ	Ւ	Հ	Ա	Ն	Գ	Ի	Ս	Տ	Բ	Ն	Ն	P
Ճ	Օ	Ն	Օ	Գ	Ն	Ո	Ւ	Թ	Յ	Ո	Ւ	Ն	Գ
Բ	Գ	Է	Զ	Մ	Զ	Ա	Յ	Ր	Ո	Ւ	Յ	Թ	K

ՍԵՐ
ՀԱՆԳԻՍՏ
ԶԱՅՐՈՒՅԹ
ՁԱՆՁՐՈՒՅԹ
ՀՈՒԶՎԱԾ
ԲԱՐՈՒԹՅՈՒՆ
ՈՒՐԱԽՈՒԹՅՈՒՆ
ԽԱՂԱՂՈՒԹՅՈՒՆ
ՎԱԽ
ՇՆՈՐՀԱԿԱԼ
ՕԳՆՈՒԹՅՈՒՆ
ԲԱՎԱՐԱՐՎԱԾ
ԱՆԱԿՆԿԱԼ
ՀԱՄԱԿՐԱՆՔ
ՔՆՔՇՈՒԹՅՈՒՆ
ՀԱՆԳՍՏՈՒԹՅՈՒՆ
ՏԽՐՈՒԹՅՈՒՆ

86 - Géographie

A	Հ	Յ	Թ	Հ	Մ	Ա	Զ	Կ	Ժ	Լ	Ե	Ռ	Տ
Օ	K	Տ	Ա	Յ	Ե	Ր	Ս	Ի	Ղ	Ջ	Ր	Բ	Ա
Ֆ	P	Ե	Շ	Ո	Ր	Ե	K	Ս	H	Զ	Կ	Ա	Ր
Կ	Յ	Յ	Խ	Ւ	Ի	Ւ	Ն	Ա	Լ	Ա	Ի	Ր	Ա
Ա	Տ	Լ	Ա	Ս	Դ	Մ	Ճ	Գ	Ա	Ղ	Ր	Ձ	Ծ
A	Տ	Ծ	Ր	Ի	Ի	Ո	Օ	Ո	Յ	Վ	Գ	Ր	Ա
Հ	K	K	Հ	Ս	Ա	Ւ	Ժ	Ւ	Ն	Ղ	Ե	Ո	Շ
H	Փ	Յ	Ա	Ն	Ն	Տ	Թ	Ն	Ո	Ճ	Տ	Ւ	Ր
Հ	Ծ	K	Մ	Գ	Շ	Ք	Չ	Դ	Ւ	Խ	Ա	Թ	Ջ
Ա	Շ	Խ	Ա	Ր	Հ	Բ	Շ	Պ	Թ	Ղ	Ր	Յ	Ա
Ր	Ճ	Ւ	Ս	Ք	Ա	Ղ	Ա	Ք	Յ	Ռ	Ա	Ո	Ն
Ա	Ճ	Ժ	Թ	Մ	Փ	Վ	Զ	Ծ	Ո	Վ	Ծ	Ւ	Ց
Վ	Օ	Վ	Կ	Ի	Ա	Ն	Ո	Ս	Ւ	P	Ք	Ն	Դ
Ք	Ա	Ր	Տ	Ե	Զ	Ը	Ղ	Ղ	Ն	P	Շ	Ը	Գ

ԲԱՐՁՐՈՒԹՅՈՒՆԸ
ԱՏԼԱՍ
ՔԱՐՏԵԶ
ԱՇԽԱՐՀԱՄԱՍ
ԳԵՏ
ԿԻՍԱԳՈՒՆԴ
ԿՂԶԻ
ԼԱՅՆՈՒԹՅՈՒՆ
ԾՈՎ
ՄԵՐԻԴԻԱՆ
ԱՇԽԱՐՀ
ԼԵՌ
ՀՅՈՒՍԻՍ
ՕՎԿԻԱՆՈՍ
ԱՐԵՒՄՈՒՏՔ
ԵՐԿԻՐ
ՏԱՐԱԾԱՇՐՋԱՆ
ՀԱՐԱՎ
ՏԱՐԱԾՔ
ՔԱՂԱՔ

87 - Danse

Խ	Մ	Շ	Ա	Կ	Ո	Ւ	Թ	Ա	Յ	Ի	Ն	Շ	Ե
Դ	Ո	Ա	Ր	Տ	Ա	Հ	Ա	Յ	Տ	Ի	Չ	Ա	Ր
Ա	Ւ	Ր	P	Ւ	Ց	Ա	Տ	Կ	Ե	Լ	Ա	Ր	Ա
Ս	Ր	Ջ	Ե	Հ	Պ	Ս	Ի	Ղ	Ֆ	Թ	Ր	Ժ	Ժ
Ա	Ա	Գ	Մ	Ո	Հ	Ր	Ե	Բ	O	P	Վ	Ո	Շ
Կ	Խ	Ա	Շ	Է	Գ	Է	Խ	Ծ	Ծ	A	Ե	Ւ	Տ
Ա	Ե	Ց	Ա	Փ	Ո	Ր	Զ	Ճ	Բ	Դ	Ս	Մ	Ո
Ն	Ւ	Մ	Կ	Պ	Ր	Շ	Ա	Ց	Դ	Շ	Տ	Թ	Ւ
Ծ	Փ	Ո	Ո	Ճ	Ծ	Լ	Ն	Ֆ	Ռ	Ի	Թ	Մ	Թ
Մ	Ս	Ւ	Ւ	H	Ը	Ժ	Կ	Ո	Ի	Ֆ	K	Շ	Յ
Յ	Ղ	Ն	Յ	Զ	Ն	Ւ	Ծ	Ծ	Ր	Ա	Փ	Շ	Ո
A	Թ	Ք	Թ	Հ	Կ	Թ	Ձ	Ղ	Ց	Հ	O	Վ	Ւ
K	Ա	Կ	Ա	Դ	Ե	Մ	Ի	Ա	O	Թ	H	Թ	Ն
P	Վ	Ծ	Մ	Ա	Ր	Մ	Ի	Ն	Մ	Ց	Տ	O	Ց

ԱԿԱԴԵՄԻԱ
ԱՐՎԵՍՏ
ԽՈՐԵՈԳՐԱՖԻԱ
ԴԱՍԱԿԱՆ
ՄԱՐՄԻՆ
ՄՇԱԿՈՒՅԹ
ՄՇԱԿՈՒԹԱՅԻՆ
ԱՐՏԱՀԱՅՏԻՉ
ԶԳԱՑՄՈՒՆՔ
ՇՆՈՐՀ
ՈՒՐԱԽ
ՇԱՐԺՈՒՄ
ԵՐԱԺՇՏՈՒԹՅՈՒՆ
ԳՈՐԾԸՆԿԵՐ
ՓՈՐՁ
ՌԻԹՄ
ՑԱՏԿԵԼ

88 - Bâtiments

H	Կ	Հ	Լ	Ա	Բ	Ո	Ր	Ա	Տ	Ո	Ր	Ի	Ա
K	P	Բ	Թ	Բ	Ն	Ա	Կ	Ա	Ր	Ա	Ն	Ծ	Շ
Դ	Ե	Ս	Պ	Ա	Ն	Ո	Ւ	Թ	Յ	Ո	Ւ	Ն	Տ
Պ	Վ	Փ	Ձ	Մ	Ն	Օ	Ե	Է	Ի	Ն	Գ	Հ	Ա
Ր	Ր	Փ	Ն	Ր	Մ	Գ	Ճ	Ղ	Ռ	Ջ	Բ	Ի	Ր
Ո	Ա	Վ	Տ	Ո	Տ	Ն	Ա	Կ	Ի	Վ	Գ	Վ	Ա
Ց	Ն	Ք	Ղ	Ց	A	Ի	Փ	Ր	Գ	Կ	Ա	Ա	Կ
Մ	Ա	Ր	Զ	Ա	Դ	Ա	Շ	Տ	Ա	Ի	Մ	Ն	Տ
Հ	Յ	Ո	Ւ	Ր	Ա	Ն	Ո	Ց	Ա	Ն	Կ	Դ	Ն
A	Բ	Ր	Բ	Յ	Ե	Թ	Ա	Տ	Ր	Ո	Ն	Ա	Ա
Ա	Ս	Տ	Ղ	Ա	Դ	Ի	Տ	Ա	Ր	Ա	Ն	Ն	Կ
Ս	Ո	Ւ	Պ	Ե	Ր	Մ	Ա	Ր	Կ	Ե	Տ	Ո	Ո
Հ	Ա	Մ	Ա	Լ	Ս	Ա	Ր	Ա	Ն	Ս	Ա	Ց	Ւ
Գ	Ո	Ր	Ծ	Ա	Ր	Ա	Ն	Փ	Ի	Ց	Ն	Չ	Մ

ԴԵՍՊԱՆՈՒԹՅՈՒՆ
ԲՆԱԿԱՐԱՆ
ՏՆԱԿՈՒՄ
ԱՄՐՈՑ
ԿԻՆՈ
ԴՊՐՈՑ
ԱՎՏՈՏՆԱԿ
ԳԱՄ
ՀԻՎԱՆԴԱՆՈՑ
ՀՅՈՒՐԱՆՈՑ
ԼԱԲՈՐԱՏՈՐԻԱ
ԹԱՆԳԱՐԱՆ
ԱՍՏՂԱԴԻՏԱՐԱՆ
ՄԱՐԶԱԴԱՇՏ
ՍՈՒՊԵՐՄԱՐԿԵՏ
ՎՐԱՆ
ԹԱՏՐՈՆ
ԱՇՏԱՐԱԿ
ՀԱՄԱԼՍԱՐԱՆ
ԳՈՐԾԱՐԱՆ

89 - Pêche

Ե	Լ	Ք	Ա	Շ	Ը	Հ	Խ	A	Զ	Շ	Ն	Ս	Ղ
Պ	Է	Ո	Ը	Վ	Շ	Ա	Շ	Ա	Ռ	Ճ	Ա	Ե	Լ
Փ	Գ	Է	Ղ	Ֆ	Ջ	Մ	Ե	Կ	Յ	Օ	Վ	Զ	Ե
Դ	Է	Դ	K	Ա	P	Բ	Ո	Ն	E	Ծ	Ա	Ո	Կ
Ն	Խ	Ց	Խ	Ւ	Փ	Ե	Ղ	Ս	Փ	Գ	Կ	Ն	Լ
Ո	Ր	Ս	Ա	Լ	Վ	Ր	Խ	Ո	Հ	Ա	Ր	Ա	Ր
Շ	Ձ	P	Յ	Ի	Ն	Ո	Ծ	Ն	Ո	Տ	Տ	E	Ռ
Ջ	Ո	Ւ	Ր	Ճ	Հ	Ւ	Պ	Ջ	A	Մ	Է	Յ	Ձ
H	Ը	Ժ	Ղ	Ն	Վ	Թ	H	Չ	Ն	Փ	Տ	A	Վ
Հ	A	Ե	Ֆ	Դ	K	Յ	Ն	Ջ	Հ	Է	Լ	Ո	Պ
Ճ	Օ	Մ	Դ	Հ	Բ	Ո	K	Ր	Պ	Հ	Գ	Յ	Ր
Ե	E	Ղ	Ս	Ր	Շ	Ւ	E	Ծ	Պ	Գ	Ը	Ե	Ց
Յ	Օ	Վ	Կ	Ի	Ա	Ն	Ո	Ս	Գ	Ի	Լ	Ս	Տ
Զ	Ա	Մ	Բ	Յ	Ո	Ւ	Ղ	Զ	Փ	Ծ	Ք	Չ	Ֆ

ԽԱՅԾ
ՆԱՎԱԿ
ԳԻԼՍ
ՈՐՍԱԼ
ԽՈՀԱՐԱՐ
ՋՈՒՐ
ԳԵՏ
ԼԻՃ
ԾՆՈՏ
ՕՎԿԻԱՆՈՍ
ԶԱՄԲՅՈՒՂ
ՀԱՄԲԵՐՈՒԹՅՈՒՆ
ԼՈՂԱՓ
ՔԱՇԸ
ՍԵԶՈՆ

90 - Activités et Loisirs

Ս	Թ	Վ	Ո	Լ	Ե	Յ	Բ	Ո	Լ	Բ	Ի	Ճ	Ս
Բ	Ե	Յ	Ս	Բ	Ո	Լ	A	Է	Լ	Ա	Տ	Ա	Ց
Գ	Ն	Ր	Ա	Ր	Վ	Ե	Ս	Տ	Վ	Ս	Ն	Ն	Ժ
Պ	Ի	Ը	Ֆ	Վ	Բ	Բ	Ղ	Ո	H	Կ	Կ	Ա	Ճ
Խ	Ս	Ն	P	Ի	Ռ	Յ	Գ	Ւ	Ք	Ե	Ա	Պ	Տ
Ա	Ր	Շ	Ա	Վ	Ն	K	Ն	Թ	Վ	Տ	Ր	Ա	E
Ջ	Թ	A	P	H	Ց	Գ	Ո	Լ	Ֆ	Բ	Չ	Ր	Զ
Խ	Վ	Ռ	Յ	Ճ	Ք	Յ	Ւ	A	Ո	Ո	Ո	Հ	Ը
Չ	Վ	Տ	Ց	Ս	Ա	Ձ	Մ	Ծ	Ւ	Լ	Ւ	Ո	Ի
Չ	Ն	Ջ	Ս	Ն	Մ	Կ	Ն	Կ	Տ	Հ	Թ	Ր	Ք
Շ	Տ	Գ	Ձ	Ք	Ա	Ղ	Ե	Լ	Բ	Ի	Յ	Դ	H
Գ	Է	Շ	Պ	Փ	Ր	H	Ր	Ո	Ո	Լ	Ո	Ե	Ց
Հ	Ա	Ն	Գ	Ս	Տ	Ա	Ն	Ա	Լ	Ո	Ւ	Լ	Ը
Ձ	Կ	Ն	Ո	Ր	Ս	Ս	Գ	Շ	Է	Ղ	Ն	Ժ	A

ԳՆՈՒՄՆԵՐ
ԱՐՎԵՍՏ
ԲԵՅՍԲՈԼ
ԲԱՍԿԵՏԲՈԼ
ԲՌՆՑՔԱՄԱՐՏ
ԱՐՇԱՎ
ՖՈՒՏԲՈԼ
ԳՈԼՖ
ԼՈՂ
ՆԿԱՐՉՈՒԹՅՈՒՆ
ՁԿՆՈՐՍ
ՀԱՆԳՍՏԱՆԱԼՈՒ
ՍԵՐՖԻՆԳ
ԹԵՆԻՍ
ՎՈԼԵՅԲՈԼ
ՃԱՆԱՊԱՐՀՈՐԴԵԼ

91 - Livres

Հ	Պ	Պ	Ը	Ն	Թ	Ե	Ր	Ց	Ո	Ղ	Շ	Է	Հ
Ե	Ա	Ա	K	Հ	Ա	Վ	Ա	Ք	Ա	Ծ	Ո	Ւ	Ց
Ղ	Տ	Մ	Տ	A	Հ	Վ	Ր	Ս	Ե	H	Ի	Բ	O
Ի	Մ	Չ	Ա	Մ	Ք	Թ	Կ	Ե	Յ	Պ	Ճ	P	Բ
Ն	Ա	Պ	Գ	Տ	Ո	Ռ	Ա	Ր	Բ	Ա	Ռ	Ե	Ր
Ա	Կ	Ղ	Պ	Ւ	Ե	Ւ	Ծ	Ի	Վ	Տ	Է	Ջ	Պ
Կ	Ա	Ա	Հ	Հ	A	Ք	Թ	Ա	Ը	Մ	Տ	Ց	Ո
Ծ	Ն	Խ	Յ	Կ	O	H	Ս	Յ	Ւ	Ո	Ց	Հ	Ե
Գ	Ք	Ի	K	Ի	Ո	Դ	Ծ	Տ	Ո	Ղ	Չ	E	Զ
Ր	Ր	Հ	Ն	Ա	Ր	Ա	Մ	Ի	Տ	Ւ	Է	Պ	Ի
Ա	Գ	Վ	Ե	Պ	Շ	Ր	O	Ձ	L	Ք	Ն	Ե	Ա
Կ	K	Ջ	Ա	Հ	Ո	Ւ	Մ	Ո	Ր	Ա	Յ	Ի	Ն
Ա	Ո	Ժ	Վ	Ծ	Ը	Ն	Կ	Ղ	Մ	Ո	Ւ	Մ	Թ
Ն	Հ	Ա	Մ	Ա	Պ	Ա	Տ	Ա	Ս	Խ	Ա	Ն	Ղ

ՀԵՂԻՆԱԿ
ԱՐԿԱԾ
ՀԱՎԱՔԱԾՈՒ
ՀԱՄԱՏԵՔՍՏ
ԳՐՎԱԾ
ՊԱՏՄՈՒԹՅՈՒՆ
ՊԱՏՄԱԿԱՆ
ՀՈՒՄՈՐԱՅԻՆ
ԸՆԿՂՄՈՒՄ
ՀՆԱՐԱՄԻՏ
ԸՆԹԵՐՑՈՂ
ԳՐԱԿԱՆ
ԲԱՌԵՐ
ՊԱՏՄՈՂ
ԷՋ
ՀԱՄԱՊԱՏԱՍԽԱՆ
ՊՈԵԶԻԱ
ՎԵՊ
ՍԵՐԻԱ

92 - Pays #2

Ք	Փ	Ք	Ջ	Ճ	Ջ	Ո	Ւ	Կ	Ր	Ա	Ի	Ն	Ա
Խ	Ե	Խ	Ե	Թ	Ն	Օ	Հ	Մ	K	Ձ	Ջ	Վ	Լ
Խ	Ա	Ն	Լ	Ա	Ո	Ս	Ո	Մ	Ա	Լ	Ի	Չ	Բ
Փ	Մ	Ի	Ի	Ջ	Պ	Ա	Կ	Ի	Ս	Տ	Ա	Ն	Ա
Հ	K	Ռ	Ն	Ա	Ռ	Ո	Ւ	Ս	Ա	Ս	Տ	Ա	Ն
Ա	Ֆ	Լ	Դ	Մ	Ց	Ո	Ժ	Ս	Ի	Ր	Ի	Ա	Ի
Ի	Ր	Ա	Ո	Ա	Տ	Ո	Զ	Ո	E	Ժ	Ց	H	Ա
Թ	Ա	Ն	Ն	Յ	Ֆ	Ճ	Ո	Ւ	Գ	Ա	Ն	Դ	Ա
Ի	Ն	Դ	Ե	Կ	Զ	Ն	Յ	Դ	Ա	Ն	Ի	Ա	Ճ
Շ	Ս	Ի	Զ	Ա	Լ	Ի	Բ	Ա	Ն	Ա	Ն	Հ	Թ
Ւ	Ի	Ա	Ի	Դ	Գ	A	Բ	Ն	Ծ	Դ	Շ	Ծ	Ձ
Ֆ	Ա	Ղ	Ա	Չ	Ի	Ն	Ա	Ս	Տ	Ա	Ն	Ւ	Լ
Մ	Ե	Ք	Ս	Ի	Կ	Ա	Ֆ	Ն	Չ	P	Ր	Պ	Ս
Ճ	Ա	Պ	Ո	Ն	Ի	Ա	Յ	Կ	Թ	Պ	Դ	Վ	Բ

ԱԼԲԱՆԻԱ
ՉԻՆԱՍՏԱՆ
ԴԱՆԻԱ
ՖՐԱՆՍԻԱ
ՀԱԻԹԻ
ԻՆԴՈՆԵԶԻԱ
ԻՌԼԱՆԴԻԱ
ՋԱՄԱՅԿԱ
ՃԱՊՈՆԻԱ
ՔԵՆԻԱ
ԼԱՈՍ
ԼԻԲԱՆԱՆ
ՄԵՔՍԻԿԱ
ՈՒԳԱՆԴԱ
ՊԱԿԻՍՏԱՆ
ՌՈՒՍԱՍՏԱՆ
ՍՈՄԱԼԻ
ՍՈՒԴԱՆ
ՍԻՐԻԱ
ՈՒԿՐԱԻՆԱ

93 - Fournitures d'Art

Մ	Ա	Տ	Ի	Տ	Ն	Ե	Ր	Ս	Ե	Ղ	Ա	Ն	Ճ
Գ	Ջ	Ո	Ւ	Ր	Ե	Ծ	K	Թ	Ո	Ւ	Ղ	Թ	Խ
Ա	Ր	Չ	Վ	Կ	Ր	Դ	Տ	Ա	Տ	Ս	Ձ	Շ	Ք
Ղ	Ա	Փ	Խ	Պ	Կ	Ս	Ֆ	Ն	Մ	Ա	Ի	Զ	Փ
Ա	Ն	Դ	Ղ	Կ	Ե	E	Ղ	Ա	Պ	Բ	Ժ	Ն	K
Փ	Ե	Հ	Ճ	Ս	Ր	H	Գ	Ք	Ծ	Լ	Ծ	Յ	Ձ
Ա	Ր	Ծ	Պ	Ա	Տ	Կ	Ե	Ր	Ձ	Ծ	Ց	Պ	Չ
Ր	Կ	Պ	Կ	Զ	Ա	Ն	Ը	Ձ	Զ	Չ	Ֆ	Ը	Տ
Ն	Յ	Ր	Չ	Է	Յ	Փ	Փ	Դ	Ը	Ւ	Ք	Վ	H
Ե	Ձ	Ի	Ի	Օ	Ո	Ք	Ւ	Ե	Ն	Է	K	Ր	Ը
Ր	Դ	Ա	Օ	Լ	Ւ	Տ	Ե	Ս	Ա	Խ	Ց	Ի	Կ
Խ	Բ	Ս	K	Գ	Ղ	Ճ	Յ	Ղ	Բ	Հ	Մ	Պ	Կ
Ա	Թ	Ո	Ռ	Ե	Տ	Ի	Ն	Յ	Դ	Ը	Ե	Մ	Ա
Գ	Ո	Ւ	Յ	Ն	Ե	Ր	Ն	Ե	Հ	Ե	Փ	Կ	Վ

ԱԿՐԻԼ
ՋՐԱՆԵՐԿ
ԿԱՎ
ՏԵՍԱԽՑԻԿ
ԱԹՈՌ
ՊԱՏԿԵՐ
ՍՈՍԻՆՁ
ԳՈՒՅՆԵՐ
ՄԱՏԻՏՆԵՐ
ՋՈՒՐ
ԹԱՆԱՔ
ՌԵՏԻՆ
ՅՈՒՂ
ԳԱՂԱՓԱՐՆԵՐ
ԹՈՒՂԹ
ՆԵՐԿԵՐ
ՍԵՂԱՆ

94 - Jouets

Ա	Շ	Կ	Ե	Չ	Ռ	Վ	Ս	Ա	Ի	Փ	A	Բ	Ւ
Գ	Ր	Ք	Ե	Ր	Ռ	Ը	Ի	O	Ն	Ա	Վ	Ա	Կ
Ն	H	Հ	Ա	K	Ո	Թ	Ր	Տ	Ք	Հ	Բ	Ա	Լ
Ղ	Ա	Յ	Ե	P	Բ	Ռ	Ա	Ի	Ն	Ս	Ե	Չ	Ա
Մ	Ձ	Ֆ	Ճ	Ս	Ո	Հ	Ճ	Կ	Ա	Գ	Ռ	Ս	Հ
Շ	Ա	Խ	Մ	Ա	Տ	Ա	Ք	Ն	Թ	Ջ	Ն	Ը	Ե
P	Ձ	Ա	Ց	Է	Ջ	Ն	Մ	Ի	Ի	Ո	Ա	Լ	Ճ
Ե	Ն	Ղ	K	O	Յ	Ե	Ե	Կ	Ռ	Ը	Տ	Գ	Ա
Կ	Ճ	Ե	Ս	Դ	Ծ	Լ	Ք	Ր	Ջ	Ր	Ա	Ն	Ն
Ն	Ե	Ր	Կ	Ե	Ր	Ո	Ե	Ի	Պ	Յ	Ր	Ա	Ի
Ն	Ո	A	Ւ	Յ	Չ	Ւ	Ն	Ճ	Ն	Յ	Մ	Ց	Վ
Տ	Վ	Ե	Ղ	Դ	Ռ	Կ	Ա	Վ	Յ	Ք	Ջ	Ք	Չ
Խ	Ֆ	Ո	Է	Խ	Ք	Ռ	Պ	Է	Ժ	Ֆ	Յ	Ը	Լ
Լ	Ձ	Փ	H	Հ	Լ	Ո	Ձ	Ք	Փ	Ն	Ո	H	K

ԿԱՎ
ԱՐՀԵՍՏՆԵՐ
ԻՆՔՆԱԹԻՌ
ԲԱԼ
ՆԱՎԱԿ
ԲԵՌՆԱՏԱՐ
ՇԱԽՄԱՏ
ՍԻՐԱԾ
ԽԱՂԵՐ
ԳՐՔԵՐ
ՆԵՐԿԵՐ
ՏԻԿՆԻԿ
ՀԱՆԵԼՈՒԿ
ՌՈԲՈՏ
ԳՆԱՑՔ
ՀԵԾԱՆԻՎ
ՄԵՔԵՆԱ

95 - Eau

Գ	Ռ	Ջ	Շ	Յ	Բ	Գ	Ձ	Օ	Օ	Ց	Ա	Ֆ	Խ
Ա	Ե	Ա	Ծ	Վ	Ե	Ձ	Հ	Կ	Գ	Լ	Լ	Օ	Ո
Ժ	Ն	Յ	Կ	Ւ	Օ	Ժ	K	Ց	Ո	Չ	Ի	Վ	Ն
Փ	Ո	Ձ	Չ	Ո	Ւ	Յ	Գ	Դ	Լ	Ց	Ք	Կ	Ա
Ո	Ռ	Չ	Ր	Ե	Մ	Ո	Ւ	Ս	Ո	Ն	Ն	Ի	Վ
Թ	Ո	Ե	Գ	Ե	Ր	Դ	Յ	Ա	Ր	Ս	Ե	Ա	Ո
Ո	Գ	H	Կ	Գ	Ւ	Շ	Ճ	Ռ	Շ	Խ	Ր	Ն	Ւ
Ր	Ո	Լ	Ձ	Ե	Վ	Ր	Ջ	Ն	Ի	Ւ	Ց	Ո	Թ
Ի	Ւ	H	Յ	Տ	Ձ	Ն	Ր	Ա	Ա	Լ	Խ	Ս	Յ
Կ	Մ	Հ	Ո	Ֆ	Ք	Ղ	Հ	Մ	Ց	Կ	Ի	Օ	Ո
Չ	P	Տ	Ւ	Մ	Ո	Շ	Ե	Ա	Ո	K	Յ	Ճ	Ւ
Ծ	Ղ	Ց	Ն	Ց	Ո	Ւ	Ղ	Ն	Ւ	Ռ	Ց	Փ	Ն
Ս	Ա	Ռ	Ո	Ւ	Յ	Ց	Ե	Ի	Մ	Փ	Յ	Թ	Ւ
Ց	Ծ	Կ	Ո	Ր	Ֆ	Թ	Ղ	Ք	H	Յ	Ք	Ւ	Կ

ՑՆՑՈՒՂ
ԳՈԼՈՐՇԻԱՑՈՒՄ
ԳԵՏ
ՍԱՌՆԱՄԱՆԻՔ
ԳԵՅՉԵՐ
ՍԱՌՈՒՅՑ
ԽՈՆԱՎՈՒԹՅՈՒՆ
ՋՐՀԵՂԵՂ
ՈՌՈԳՈՒՄ
ԼԻՃ
ՄՈՒՍՈՆ
ՁՅՈՒՆ
ՕՎԿԻԱՆՈՍ
ՓՈԹՈՐԻԿ
ԱՆՁՐԵՒ
ԱԼԻՔՆԵՐ
ՉՈՒՅԳ

96 - Paysages

Գ	Շ	Չ	Կ	Խ	Ւ	Զ	Մ	Բ	Ծ	Ւ	Է	Մ	Թ
Է	Ո	Ծ	Յ	Թ	Ւ	Ր	Պ	Պ	Ո	Ժ	K	Կ	Ե
Գ	Ե	Տ	Ա	Բ	Ե	Ր	Ա	Ն	Վ	Լ	Ջ	Պ	Ր
Փ	Զ	Լ	Փ	Ծ	Լ	Կ	Ղ	Զ	Ի	Ղ	Ը	Պ	Ա
P	Ա	Յ	Ս	Բ	Ե	Ր	Գ	Ր	Հ	Ա	Ւ	Զ	Կ
Թ	Լ	Ո	Ղ	Ա	Փ	Ւ	Ի	Ն	Պ	Ջ	Տ	Ը	Ղ
Թ	Գ	Գ	Լ	Պ	Ք	Հ	Ր	Ա	Բ	Ո	Ւ	Խ	Զ
Ջ	Ր	Վ	Ե	Ժ	Ա	Տ	Ո	Ւ	Ն	Դ	Ր	Ա	Ի
Գ	Ծ	Պ	Ռ	Տ	Ր	Ն	Ֆ	Ւ	Յ	Հ	Լ	Ի	Ճ
Ե	Ս	Ա	Ռ	Ց	Ա	Դ	Ա	Շ	Տ	Ո	Հ	Մ	Ճ
Յ	Զ	Ց	Բ	K	Ն	Լ	Ե	Պ	Ա	Վ	Բ	Ժ	Ա
Զ	Շ	Չ	Ն	Ե	Ձ	Ջ	Փ	P	Ա	Ի	Բ	Վ	Հ
Ե	Ռ	Զ	Օ	Զ	Ա	Ս	K	Ռ	Ֆ	Տ	Ն	Ջ	Ի
Ր	Ք	Է	Պ	Ա	Վ	Օ	Ա	Զ	Ի	Ս	Ճ	Ֆ	Ճ

ՋՐՎԵԺ
ԲԼՐԻ
ԱՆԱՊԱՏ
ԳԵՏԱԲԵՐԱՆ
ԳԵՏ
ԳԵՅԶԵՐ
ՍԱՌՑԱԴԱՇՏ
ՔԱՐԱՆՁԱՎ
ԱՅՍԲԵՐԳ
ԿՂԶԻ
ԼԻՃ
ՃԱՀԻՃ
ԾՈՎ
ԼԵՌ
ՕԱԶԻՍ
ԹԵՐԱԿՂԶԻ
ԼՈՂԱՓ
ՏՈՒՆԴՐԱ
ՀՈՎԻՏ
ՀՐԱԲՈՒԽ

97 - Nombres

Յ	Ի	Յ	Պ	Ե	Տ	Տ	Ա	Մ	Ն	Ո	Ւ	Թ	Տ
Ո	Ն	Ե	Փ	Ա	Ր	Ա	Ա	Բ	Ռ	Ձ	Ի	Ժ	Ա
Թ	Ի	Վ	Ի	Հ	Բ	Ե	Մ	Մ	Ջ	Ա	Ղ	Ւ	Մ
Տ	Ա	Մ	Ն	Ի	Ն	Ը	Ք	Ն	Ն	Կ	Դ	Տ	Ն
Վ	Ե	Տ	Ը	Ն	Թ	Ձ	Ր	Ց	Ե	Վ	Ե	Ց	Հ
Կ	H	Ա	L	Գ	Տ	Ա	Մ	Ն	Ե	Ր	Ե	Ք	Ի
Տ	Ա	Մ	Ն	Ո	Ր	Դ	Ա	Կ	Ա	Ն	Կ	Ց	Ն
Ե	Տ	Ն	Ճ	Ւ	Օ	Չ	Ո	Ր	Մ	Ջ	Ր	Ո	Գ
Ր	Ա	Չ	A	Թ	Տ	Ա	Մ	Ը	Ը	Ք	Փ	Ց	Ւ
Կ	Մ	Ո	Պ	Բ	Զ	Ւ	Յ	Զ	E	Ջ	Ձ	Ք	Ջ
Ո	Ն	Ր	Ե	Ռ	Ե	L	K	Ց	Ք	Մ	Ա	Ն	A
Ւ	Յ	Մ	A	Վ	P	Բ	Ժ	L	Տ	Ջ	K	Ւ	P
Պ	Ո	Ջ	Ո	K	L	Ր	Պ	Խ	Ձ	Ա	Խ	Ե	Պ
Գ	Թ	Պ	A	Ե	Ճ	Տ	Բ	H	Ճ	Չ	Ֆ	Չ	Ռ

ՀԻՆԳ
ԵՐԿՈՒ
ՏԱՍՆՈՐԴԱԿԱՆ
ՏԱՍԸ
ՏԱՍՆՈՒԹ
ՏԱՍՆԻՆԸ
ՏԱՍՆՅՈԹ
ՏԱՍՆԵՐԿՈՒ
ՈՒԹ
ԻՆԸ

ՏԱՍՆՉՈՐՍ
ՉՈՐՍ
ՏԱՍՆՀԻՆԳ
ՏԱՍՆՎԵՑ
ՅՈԹ
ՎԵՑ
ՏԱՍՆԵՐԵՔ
ԵՐԵՔ
ՔՍԱՆ
ԶՐՈ

98 - Nature

Հ	Չ	Կ	Ս	Ա	Ռ	Ց	Ա	Դ	Ա	Շ	Տ	Գ	A
Ը	Ա	Լ	Ե	Ռ	Ն	Ե	Ր	Թ	Օ	Օ	Ք	Ե	Վ
Ս	Մ	Ն	Մ	Ն	Փ	Է	A	Է	Շ	Ղ	Ն	Ղ	Դ
Թ	Պ	Ո	Գ	Ե	Դ	Ի	Ֆ	A	Ը	Ր	Թ	Ե	Ե
Դ	Ե	Ւ	Ե	Ի	Ղ	Ա	Ն	Ա	Պ	Ա	Տ	Ց	A
Խ	Ր	Յ	Տ	Ճ	Ս	Ո	Ն	E	Ւ	Ւ	Ր	Կ	Յ
Խ	Ա	Ղ	Ա	Ղ	Մ	Տ	Ւ	Ի	Ւ	P	Վ	Ո	Մ
Խ	Է	Ի	Վ	Բ	Դ	Փ	Ր	Ն	Ն	Փ	Ա	Ւ	Ա
Ի	Ր	Խ	Ե	Փ	Ի	Ա	A	Ո	Ե	Ե	Յ	Թ	Ռ
Ա	Ո	Ֆ	Բ	Տ	Ն	Զ	E	Ռ	Կ	Ր	Ր	Յ	Ա
Ն	Ջ	Ը	Ի	A	Ա	Բ	Թ	A	Բ	Ե	Ի	Ո	Խ
Տ	Ի	Զ	H	Շ	Մ	Ս	Ա	Ղ	Ա	Ր	Թ	Ւ	Ո
Ա	Ա	Ր	Կ	Տ	Ի	Կ	Ա	Ր	Ծ	Օ	Տ	Ն	Ւ
Ռ	Ք	Օ	Յ	Ն	Կ	Վ	Շ	Ք	Է	Ճ	E	Ռ	Ղ

ՄԵՂՈՒՆԵՐ
ԿԵՆԴԱՆԻՆԵՐ
ԱՐԿՏԻԿԱ
ԳԵՂԵՑԿՈՒԹՅՈՒՆ
ՄԱՌԱԽՈՒՂ
ԱՆԱՊԱՏ
ԴԻՆԱՄԻԿ
ԷՐՈԶԻԱ
ՍԱՂԱՐԹ
ԳԵՏ
ԱՆՏԱՌ
ՍԱՌՑԱԴԱՇՏ
ԼԵՌՆԵՐ
ԱՄՊԵՐ
ԽԱՂԱՂ
ՎԱՅՐԻ
ՀԱՆԳԻՍՏ

99 - Bateaux

Դ	Ե	Բ	Ձ	Ֆ	Լ	Ե	Ս	Լ	H	Շ	Գ	Օ	Ն
E	Լ	Ժ	Ռ	Պ	Մ	E	Պ	Կ	Ա	Յ	Ա	Կ	Ճ
Դ	Կ	Ե	Յ	Խ	Օ	Շ	Ա	Ր	Ժ	Ի	Չ	Շ	A
Խ	Ք	Ա	Ծ	Ռ	Խ	Ն	Ր	Ճ	Ղ	Տ	Ն	Ե	Ռ
Գ	Ե	Տ	Յ	Ւ	Յ	Խ	Ա	Պ	Լ	Ի	Ճ	Բ	Ա
Ս	Փ	Հ	Չ	Մ	Ի	P	Ն	Վ	Ն	Օ	Լ	Ո	Լ
Ա	Ն	Ձ	Ն	Ա	Կ	Ա	Զ	Մ	Ա	Վ	Ա	Ւ	Ի
Յ	Ծ	Ո	Վ	Ա	Յ	Ի	Ն	P	Վ	Կ	Ս	Յ	Ք
Լ	Հ	Ճ	Ը	Լ	Մ	A	H	Դ	Ա	Ի	Տ	Լ	Ն
Բ	Ծ	Ո	Վ	Ի	Չ	Շ	Բ	A	Ս	Ա	Ա	Ձ	Ե
Ո	Ր	Մ	Ե	Ք	Մ	Հ	Ղ	Ղ	Տ	Ն	Ն	Ե	Ր
Ա	Ռ	Լ	Ռ	Ը	Յ	Է	Ե	Ե	Ի	Ո	Ա	Կ	Օ
Տ	Խ	Ա	Ր	Ի	Ս	Խ	K	Ը	Վ	Ս	Վ	P	Ւ
Զ	Բ	Ո	Ս	Ա	Ն	Ա	Վ	Ո	Լ	Տ	Դ	Ց	A

ԽԱՐԻՍԽ
ԲՈՒՅ
ՆԱՎԱԿ
ՊԱՐԱՆ
ԱՆՁՆԱԿԱԶՄ
ԼԱՍՏԱՆԱՎ
ԳԵՏ
ԿԱՅԱԿ
ԼԻՃ
ԱԼԻՔԸ
ՆԱՎԱՍՏԻ
ԿԱՅՄ
ԾՈՎ
ՇԱՐԺԻՉ
ԾՈՎԱՅԻՆ
ՕՎԿԻԱՆՈՍ
ԱԼԻՔՆԵՐ
ՍԱՅԼԲՈԱՏ
ԶԲՈՍԱՆԱՎ

100 - Mesures

Ք	Ղ	Ջ	Գ	Ր	P	Վ	Խ	Ծ	Ա	Վ	Ա	Լ	Ը
Հ	Տ	Ե	Ր	Կ	Ա	Ր	Ո	Ւ	Թ	Յ	Ո	Ւ	Ն
Գ	Ց	Ե	Ա	Մ	Ե	Տ	Ր	Ո	Պ	Ե	Շ	Գ	Ք
Է	Օ	Ւ	Մ	Կ	Ի	Լ	Ո	Գ	Ր	Ա	Մ	Լ	Տ
Ա	Բ	Ա	Ր	Ձ	Ր	Ո	Ւ	Թ	Յ	Ո	Ւ	Ն	Ը
K	Ս	Ճ	Ց	Ր	Լ	Ւ	Թ	Ի	Բ	Ջ	Դ	H	Է
Ղ	Խ	Տ	Ն	Տ	Գ	Ն	Յ	E	Ա	Ժ	Յ	Չ	Դ
Տ	A	Ե	Ի	Մ	Ձ	Ց	Ո	Ց	Յ	Ֆ	Ո	Շ	Ո
Մ	Ւ	Թ	Ձ	Ճ	Գ	Ի	Ւ	Ս	Տ	Ք	Ւ	Լ	Տ
Լ	Ի	Տ	Ր	Ճ	Ա	Ա	Ն	E	Ձ	Ա	Յ	Տ	Յ
Ֆ	Ե	Ի	Դ	A	Լ	Ն	Լ	Ֆ	Շ	Շ	Մ	Ո	Գ
Կ	Ի	Լ	Ո	Մ	Ե	Տ	Ր	Ջ	Յ	Ը	Վ	Ն	Ռ
Ք	Լ	Ա	Յ	Ն	Ո	Ւ	Թ	Յ	Ո	Ւ	Ն	Ն	Վ
Ս	Ա	Ն	Տ	Ի	Մ	Ե	Տ	Ր	Չ	Ե	Գ	Ա	Մ

ՍԱՆՏԻՄԵՏՐ
ԱՍՏԻՃԱՆ
ԳՐԱՄ
ԲԱՐՁՐՈՒԹՅՈՒՆԸ
ԿԻԼՈԳՐԱՄ
ԿԻԼՈՄԵՏՐ
ԼԱՅՆՈՒԹՅՈՒՆ
ԼԻՏՐ
ԵՐԿԱՐՈՒԹՅՈՒՆ
ՄԵՏՐ
ՐՈՊԵ
ԲԱՅՏ
ՈՒՆՑԻԱ
ՔԱՇԸ
ԴՅՈՒՅՄ
ԽՈՐՈՒԹՅՈՒՆ
ՏՈՆՆԱ
ԾԱՎԱԼԸ

1 - Été

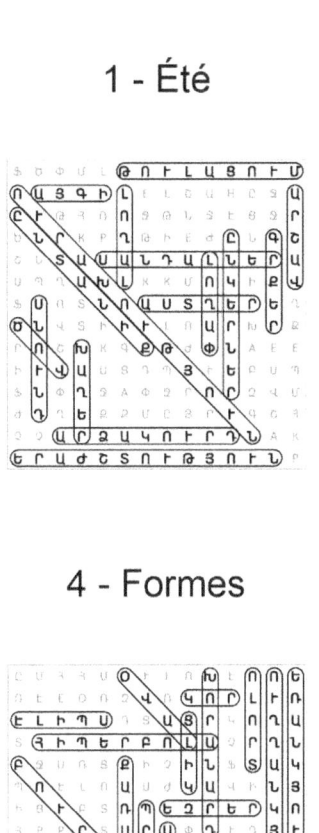

2 - Adjectifs #2

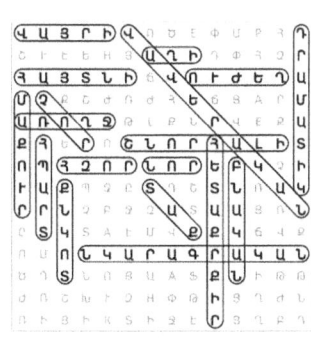

3 - Exploration

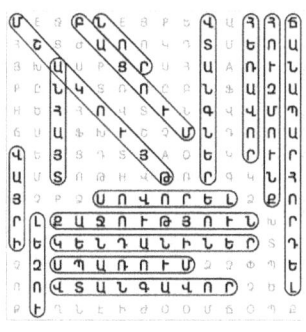

4 - Formes

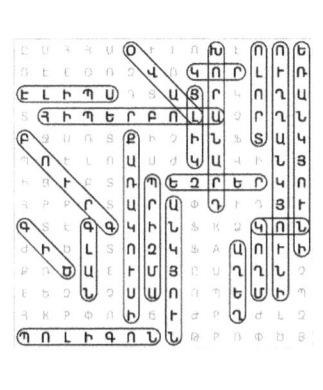

5 - Salle de Bains

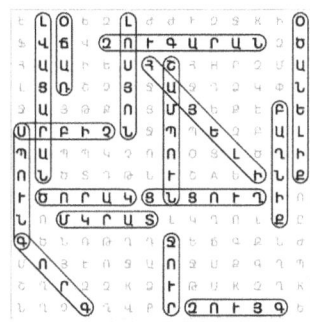

6 - Adjectifs #1

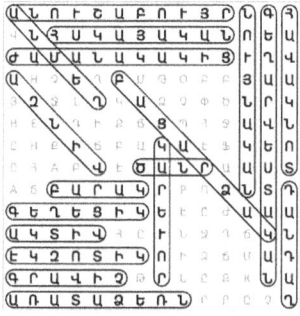

7 - Instruments de Musique

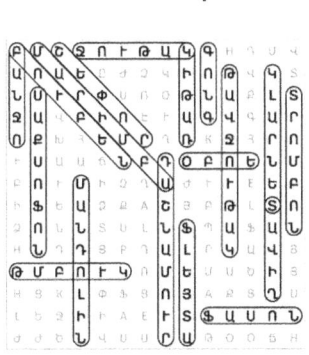

8 - Échecs

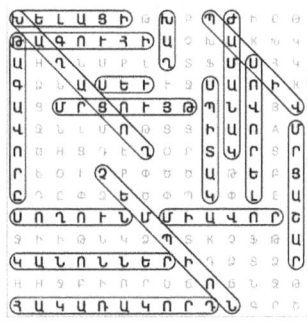

9 - Herboristerie

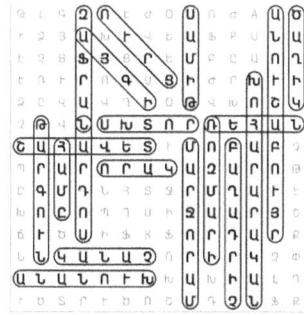

10 - Véhicules

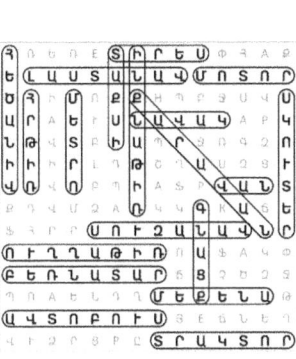

11 - Camping

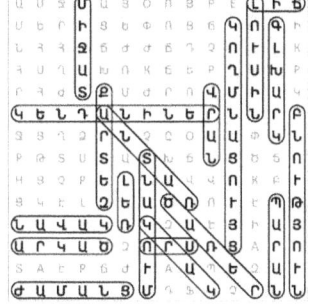

12 - Écologie

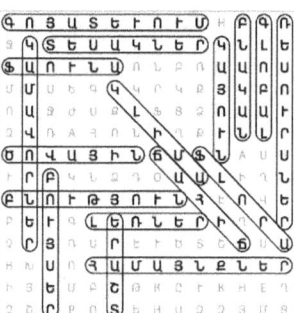

13 - Astronomie

14 - Types de Cheveux

15 - Restaurant #1

16 - Mammifères

17 - Sports

18 - Chocolat

19 - Mathématiques

20 - Mythologie

21 - Restaurant #2

22 - Avions

23 - Ville

24 - Cuisine

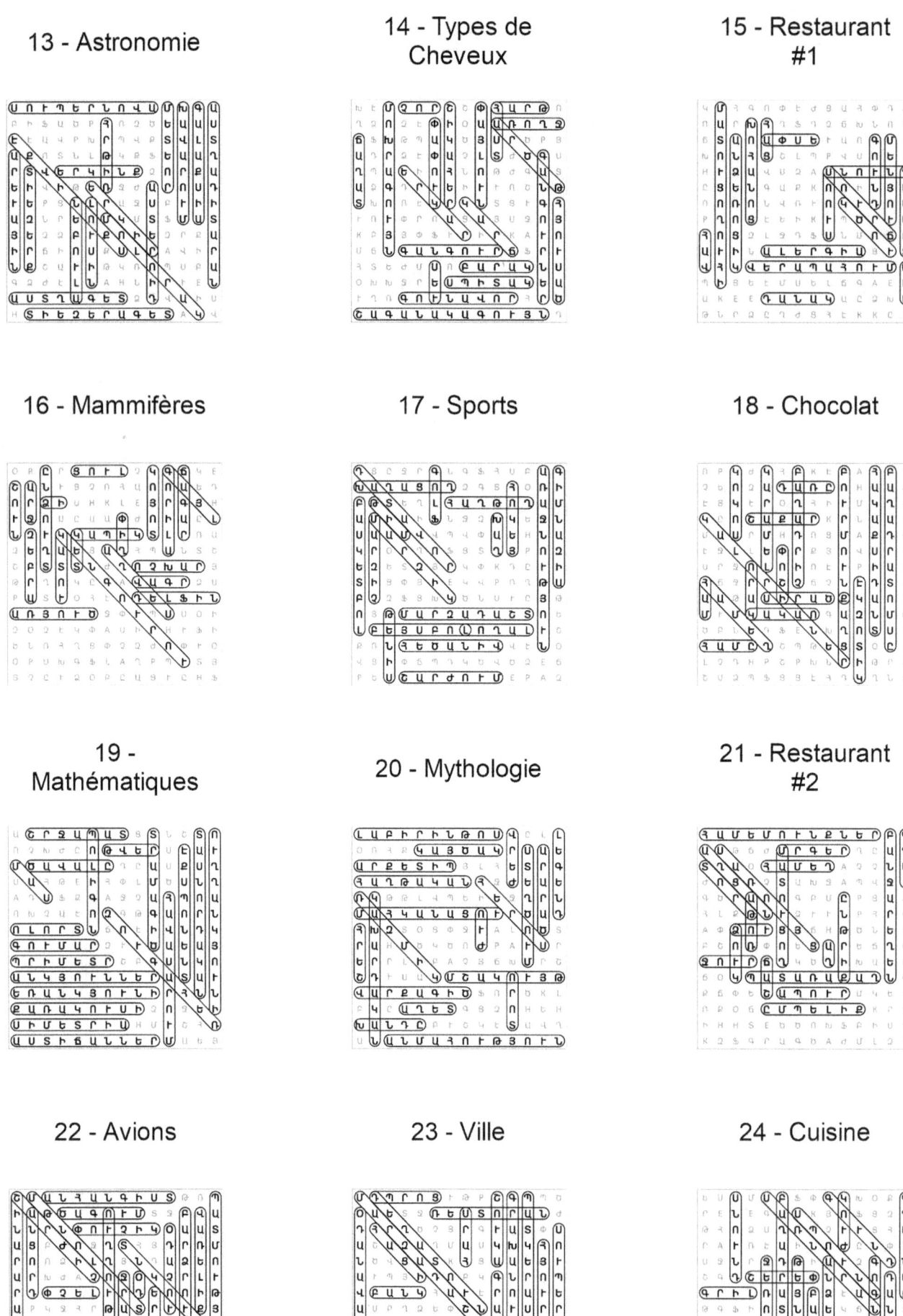

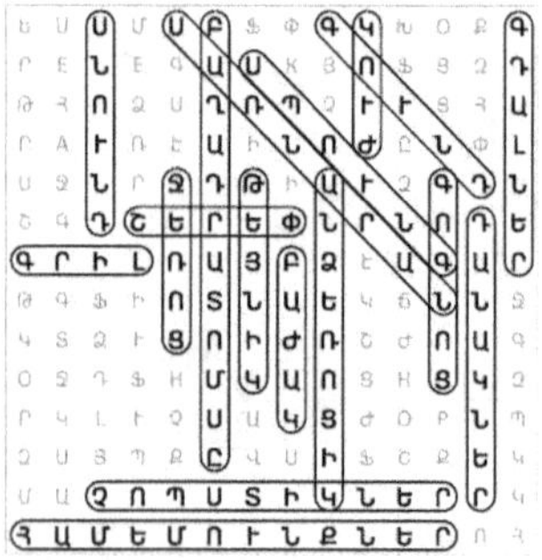

25 - Corps Humain

26 - Épices

27 - Science

28 - Chats

29 - Vêtements

30 - Arts Visuels

31 - Méditation

32 - Littérature

33 - Nourriture #1

34 - Jours et Mois

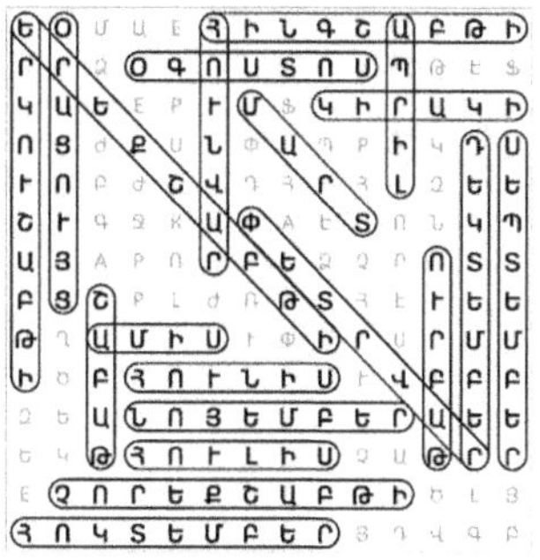

35 - Championnat

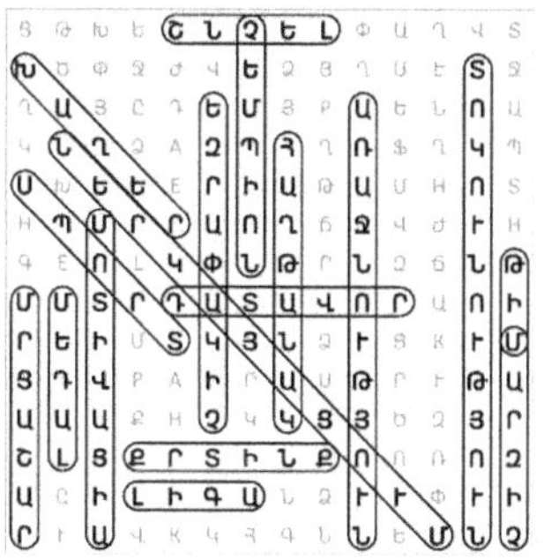

36 - Pirates

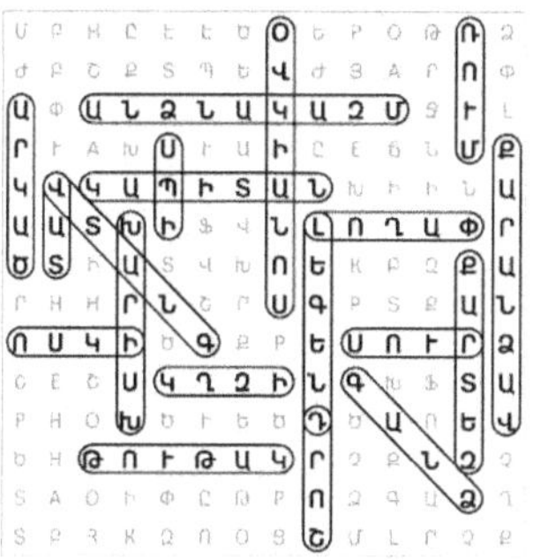

37 - Activités

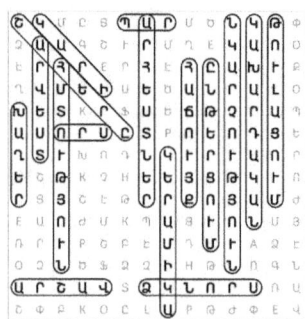

38 - Fleurs

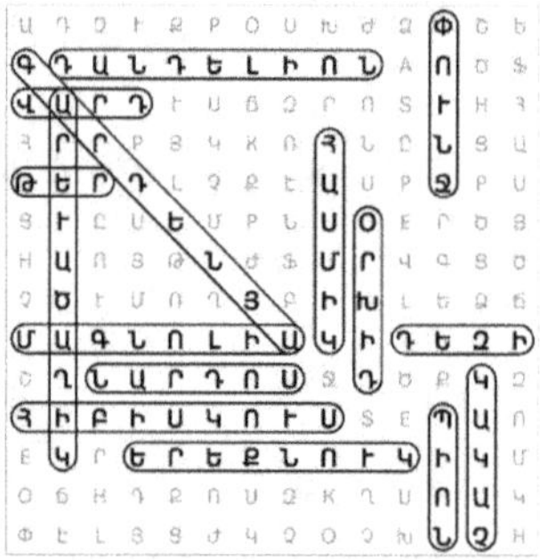

39 - Nourriture #2

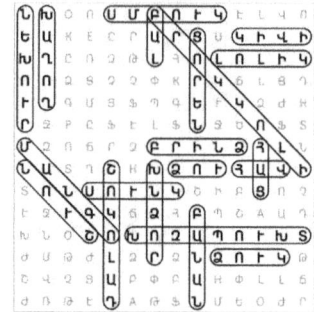

40 - Océan

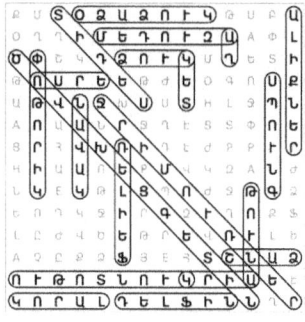

41 - Remplir

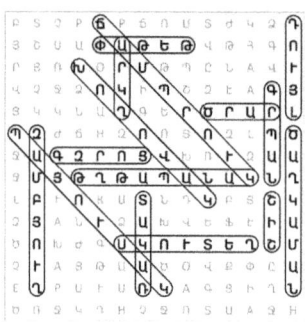

42 - Ballet

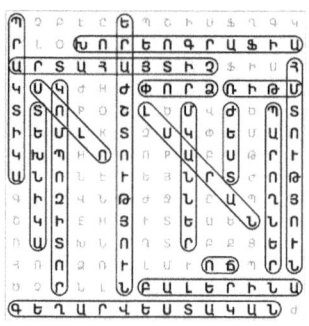

43 - Fruit

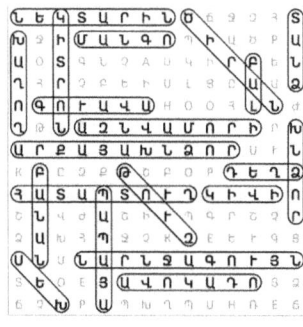

44 - Surf

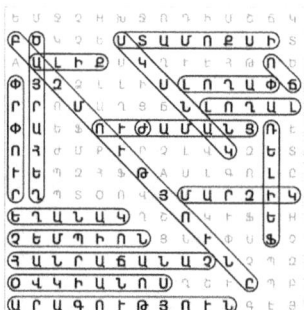

45 - Technologie

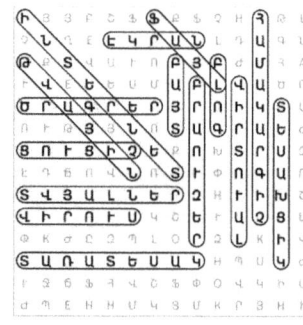

46 - Comédie

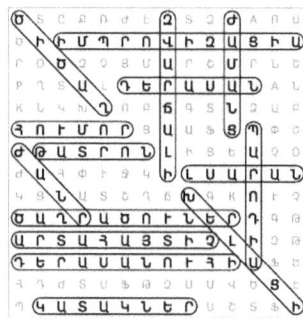

47 - Météo

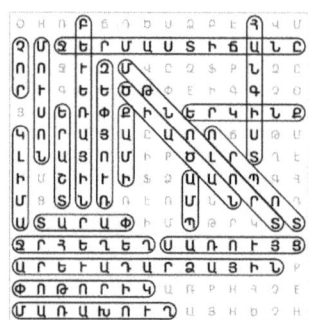

48 - Châteaux

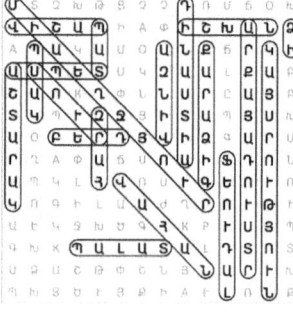

49 - Randonnée

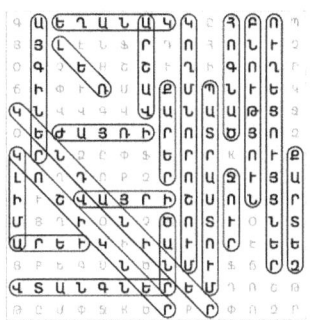

50 - Meubles

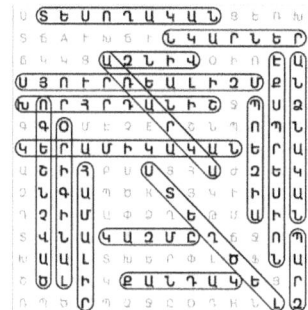

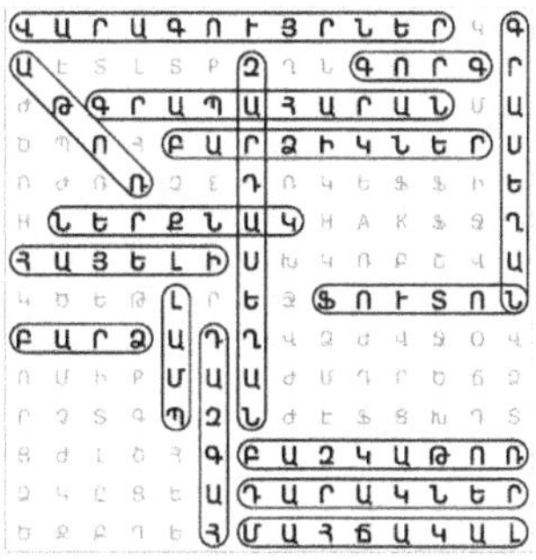

51 - Art

52 - Nutrition

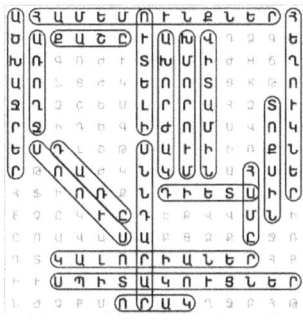

53 - Science Fiction

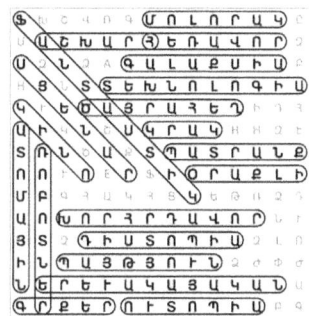

54 - Vertus #1

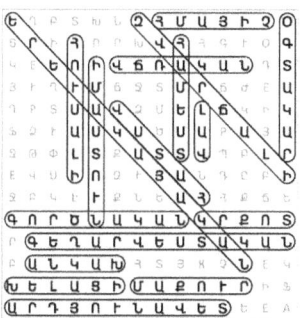

55 - Professions #1

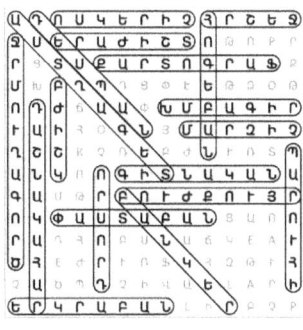

56 - Géologie

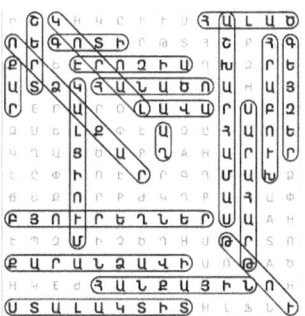

57 - Cirque

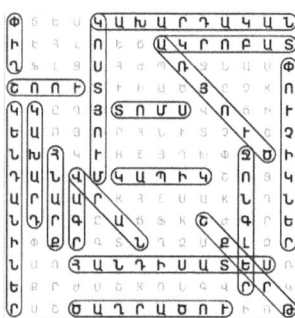

58 - Jardin

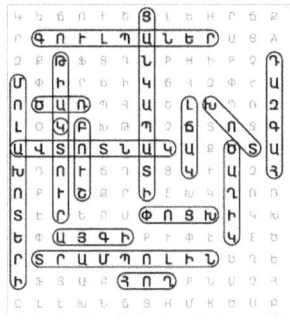

59 - Barbecues

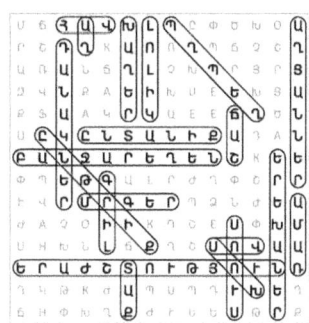

60 - Anniversaire

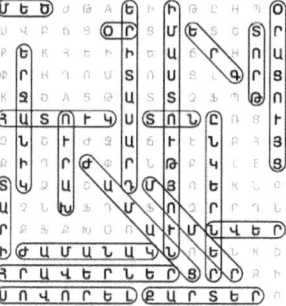

61 - Animaux de Compagnie

62 - Forêt Tropicale

63 - Insectes

64 - Ferme #1

65 - Escalade

66 - École #2

67 - Antarctique

68 - Professions #2

69 - Les Abeilles

70 - Dinosaures

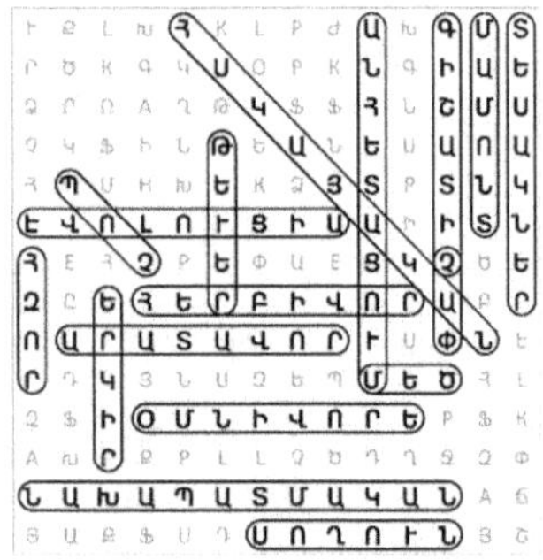

71 - Automne

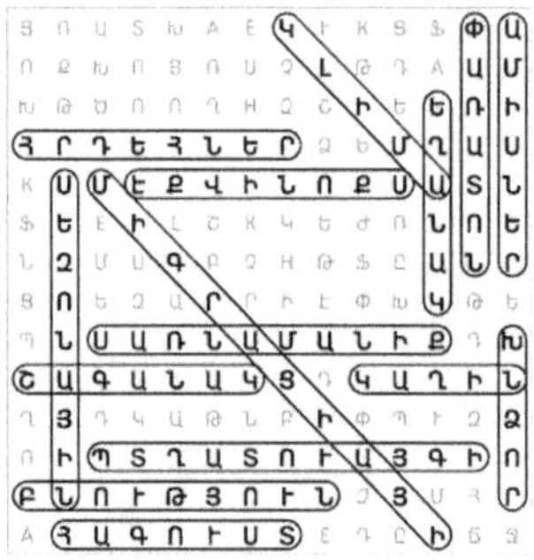

72 - Conduite

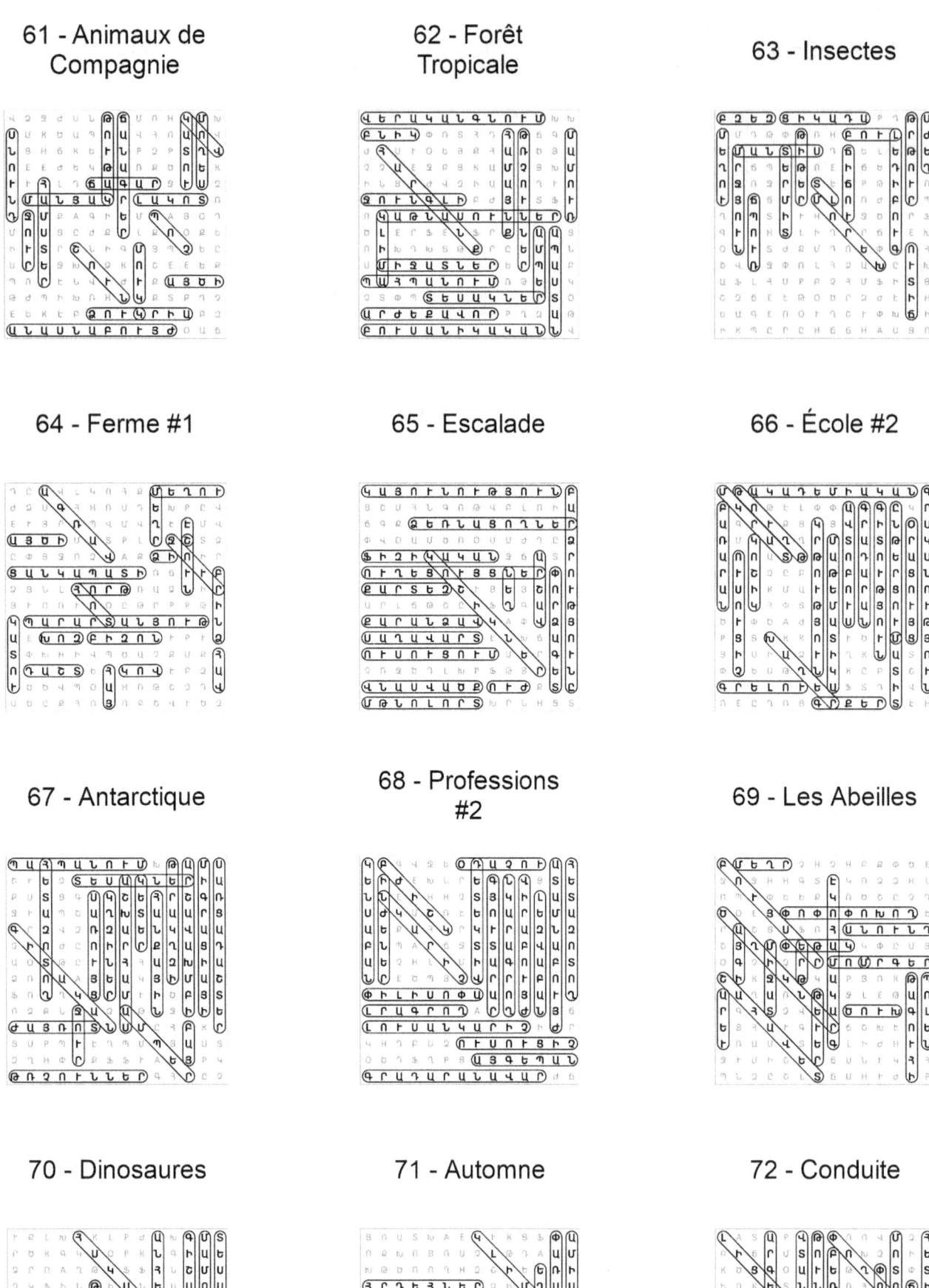

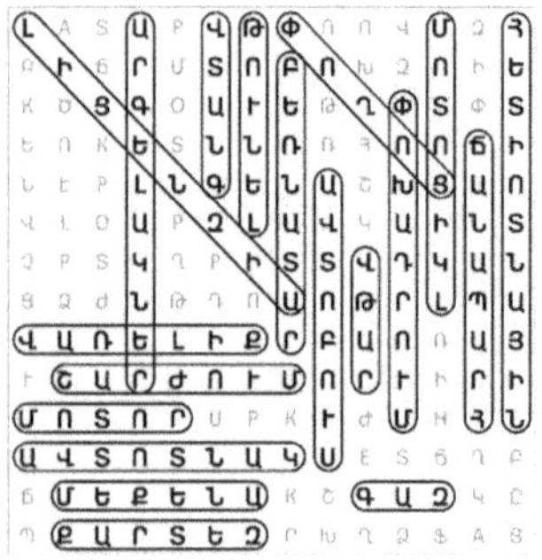

73 - Plantes

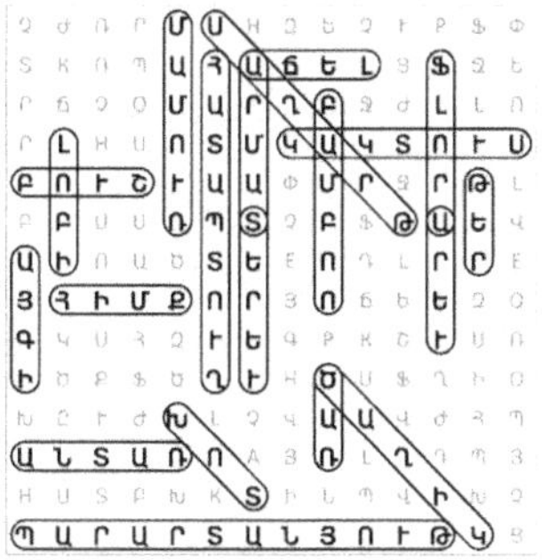

74 - Ferme #2

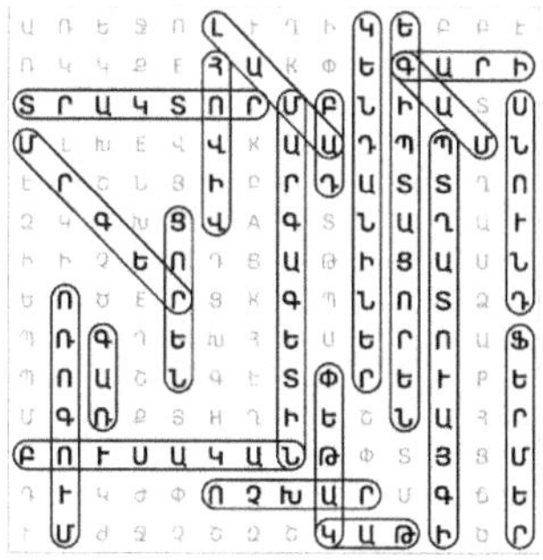

75 - École #1

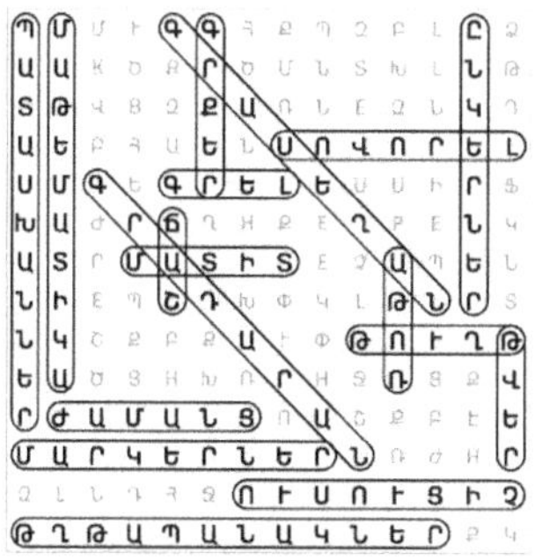

76 - Vacances #2

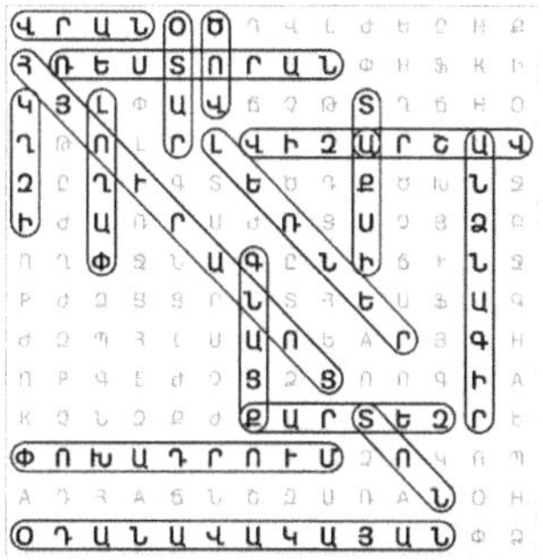

77 - Temps

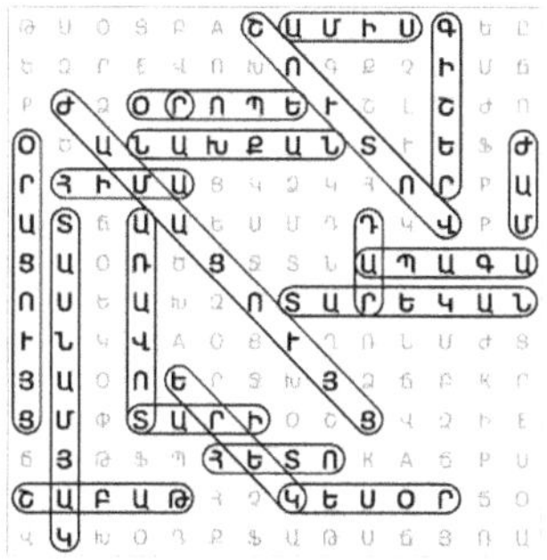

78 - Maison

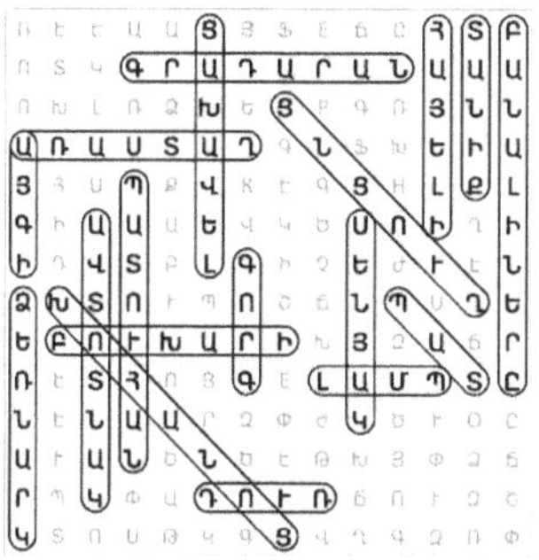

79 - Légumes

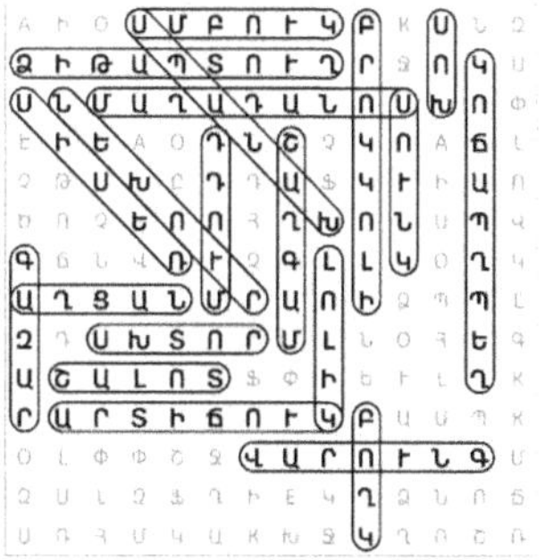

80 - Plage

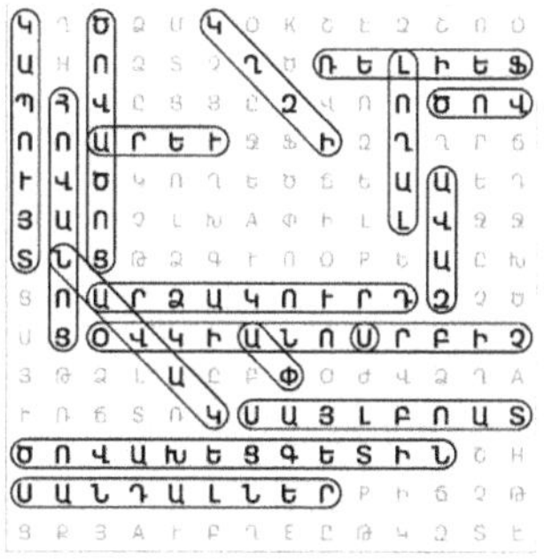

81 - Vacances #1

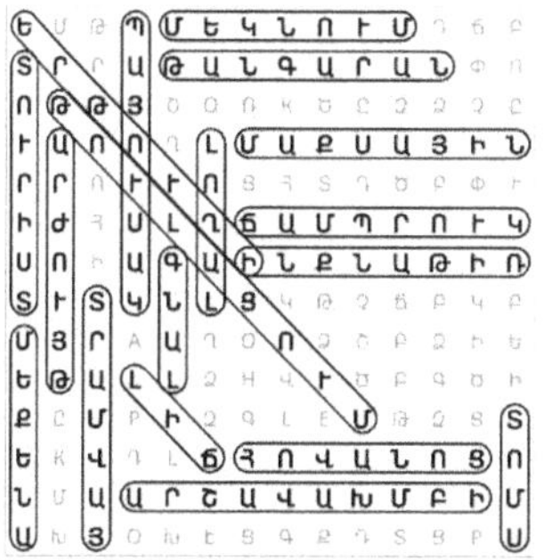

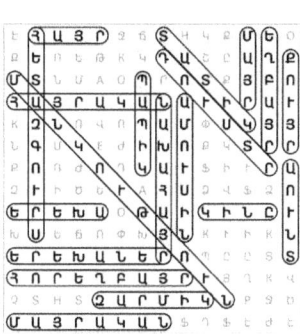

82 - Famille

83 - Oiseaux

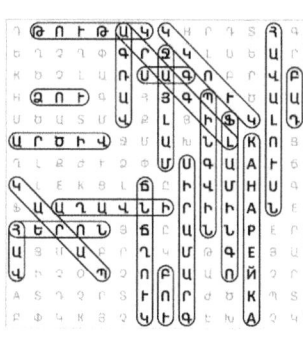

84 - Disciplines Scientifiques

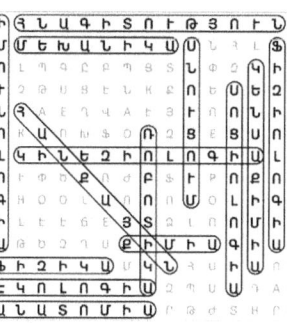

85 - Émotions

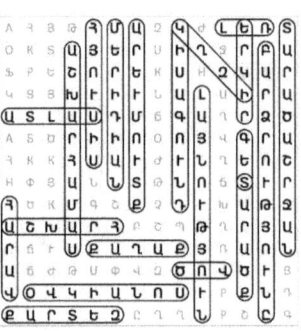

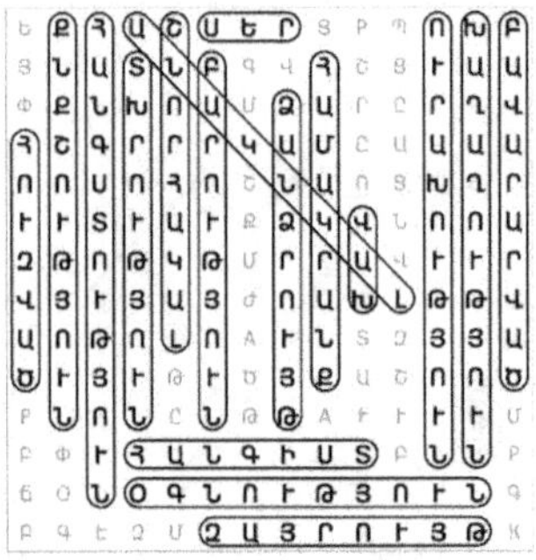

86 - Géographie

87 - Danse

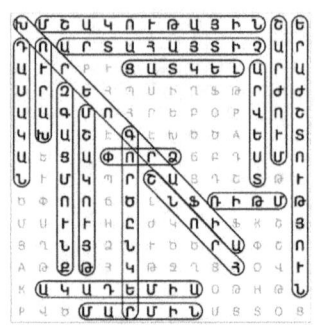

88 - Bâtiments

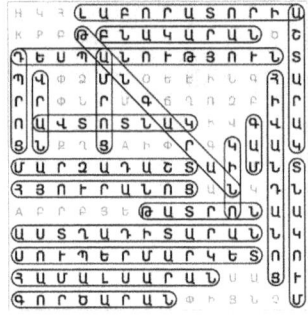

89 - Pêche

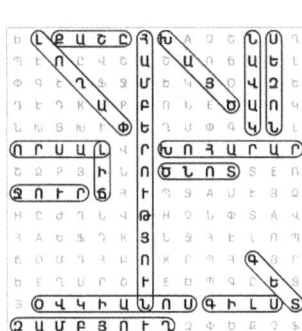

90 - Activités et Loisirs

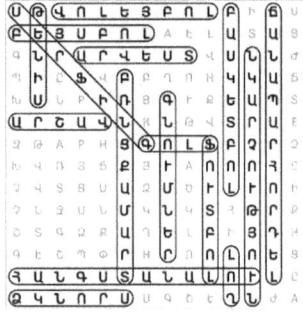

91 - Livres

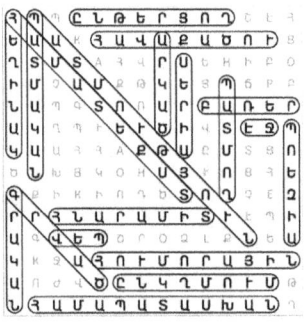

92 - Pays #2

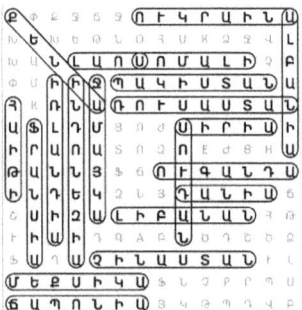

93 - Fournitures d'Art

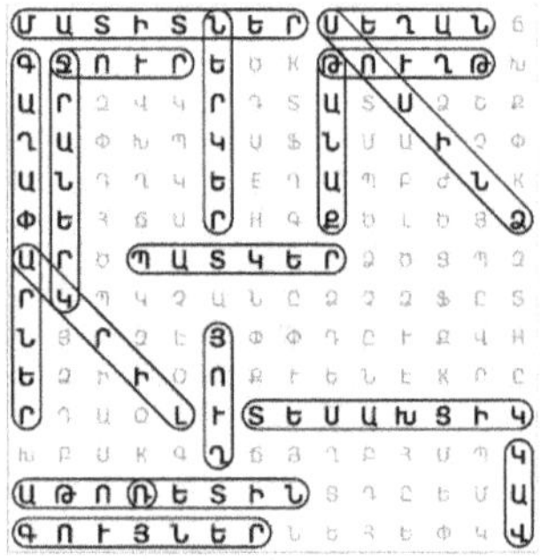

94 - Jouets

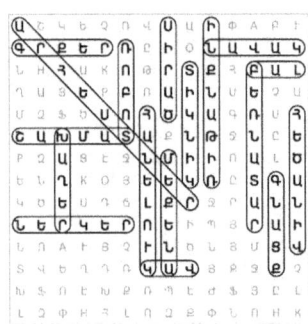

95 - Eau

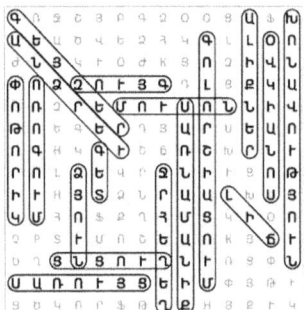

96 - Paysages

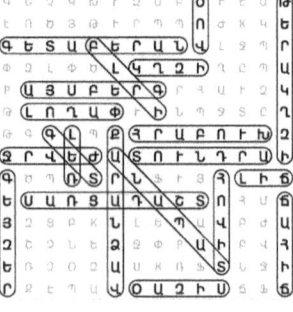

97 - Nombres

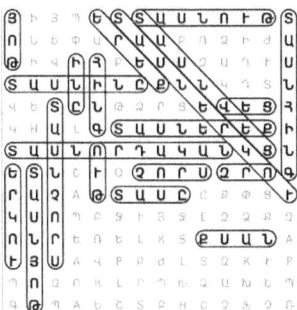

98 - Nature

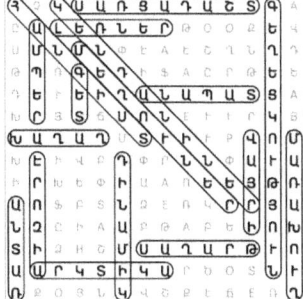

99 - Bateaux

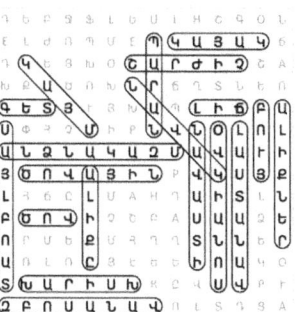

100 - Mesures

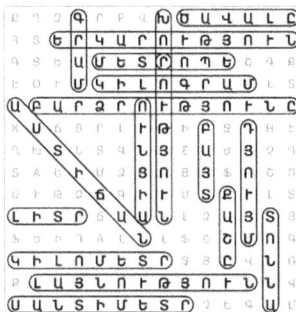

Dictionnaire

Activités

Գործունեություն

Art	Արվեստ
Artisanat	Արհեստներ
Camping	Արշավ
Céramique	Կերամիկա
Chasse	Որս
Compétence	Հմտություն
Couture	Կարի
Danse	Պար
Intérêts	Շահերը
Jeux	Խաղեր
Lecture	Ընթերցում
Magie	Կախարդական
Peinture	Նկարչություն
Pêche	Ձկնորս
Plaisir	Հաճույք
Relaxation	Թուլացում

Activités et Loisirs

Գործունեություն և Ժամանց

Achats	Գնումներ
Art	Արվեստ
Base-Ball	Բեյսբոլ
Basket-Ball	Բասկետբոլ
Boxe	Բոնցքամարտ
Camping	Արշավ
Football	Ֆուտբոլ
Golf	Գոլֆ
Nager	Լող
Peinture	Նկարչություն
Pêche	Ձկնորս
Relaxant	Հանգստանալու
Surf	Սերֆինգ
Tennis	Թենիս
Volley-Ball	Վոլեյբոլ
Voyage	Ճանապարհորդել

Adjectifs #1

Ածականներ #1

Absolu	Բացարձակ
Actif	Ակտիվ
Ambitieux	Հավակնոտ
Aromatique	Անուշաբույր
Artistique	Գեղարվեստական
Attractif	Գրավիչ
Beau	Գեղեցիկ
Exotique	Էկզոտիկ
Énorme	Հսկայական
Généreux	Առատաձեռն
Honnête	Ազնիվ
Identique	Նույնական
Important	Կարևոր
Innocent	Անմեղ
Jeune	Երիտասարդ
Lent	Դանդաղ
Lourd	Ծանր
Mince	Բարակ
Moderne	Ժամանակակից
Parfait	Կատարյալ

Adjectifs #2

Ածականներ #2

Authentique	Վավերական
Célèbre	Հայտնի
Chaud	Տաք
Descriptif	Նկարագրական
Doué	Շնորհալի
Dramatique	Դրամատիկ
Fier	Հպարտ
Fort	Ուժեղ
Intéressant	Հետաքրքիր
Naturel	Բնական
Nouveau	Նոր
Productif	Արդյունավետ
Puissant	Հզոր
Pur	Մաքուր
Responsable	Պատասխանատու
Sain	Առողջ
Salé	Աղի
Sauvage	Վայրի
Sec	Չոր
Somnolent	Քնկոտ

Animaux de Compagnie

Կենդանիներ

Chat	Կատու
Chèvre	Այծի
Chien	Շուն
Chiot	Լակոտ
Collier	Մանյակ
Eau	Ջուր
Griffes	Ճանագրեր
Hamster	Համստեր
Lapin	Ճագար
Lézard	Մողես
Nourriture	Սնունդ
Perroquet	Թութակ
Poisson	Ձուկ
Queue	Պոչ
Souris	Մուկ
Tortue	Կրիա
Vache	Կով
Vétérinaire	Անասնաբույժ

Anniversaire

Ծննդյան Օր

Amis	Ընկերներ
Amusement	Ժամանց
Année	Տարի
Apprendre	Սովորել
Bougies	Մոմեր
Cadeau	Նվեր
Calendrier	Օրացույց
Cartes	Քարտեր
Chanson	Երգ
Fête	Տոն
Gâteau	Տորթ
Heureux	Երջանիկ
Invitations	Հրավերներ
Jeune	Երիտասարդ
Jour	Օր
Joyeux	Ուրախ
Sagesse	Իմաստություն
Spécial	Հատուկ
Super	Մեծ
Temps	Ժամանակ

Antarctique

Անտարկտիկա

Baie	Բայ
Baleines	Կետեր
Chercheur	Հետազոտող
Conservation	Պահպանում
Continent	Աշխարհամաս
Eau	Ջուր
Espèce	Տեսակներ
Expédition	Արշավախմբի
Glace	Սառույց
Glaciers	Սառցադաշտեր
Îles	Կղզիներ
Migration	Միգրացիայի
Minéraux	Հանքային
Nuage	Ամպեր
Oiseaux	Թռչուններ
Péninsule	Թերակղզի
Rocheux	Ժայռոտ
Scientifique	Գիտական
Température	Ջերմաստիճանը
Topographie	Տեղագրություն

Art

Արվեստ

Céramique	Կերամիկական
Complexe	Համալիր
Composition	Կազմը
Créer	Ստեղծել
Expression	Էքսպրեսիոն
Honnête	Ազնիվ
Inspiré	Ոգեշնչված
Original	Օրիգինալ
Peintures	Նկարներ
Personnel	Անձնական
Poésie	Պոեզիա
Sculpture	Քանդակ
Simple	Պարզ
Sujet	Առարկա
Surréalisme	Սյուրռեալիզմ
Symbole	Խորհրդանիշ
Visuel	Տեսողական

Arts Visuels

Տեսողական Արվեստ

Argile	Կավ
Artiste	Նկարիչ
Céramique	Կերամիկա
Charbon	Փայտածուխ
Chef-D'Œuvre	Գլուխգործոց
Chevalet	Պատկեր
Cire	Մոմ
Composition	Կազմը
Craie	Կավիճ
Crayon	Մատիտ
Film	Ֆիլմ
Peinture	Նկար
Perspective	Հեռանկար
Photographie	Լուսանկար
Pochoir	Շաբլոն
Portrait	Դիմանկար
Sculpture	Քանդակ
Stylo	Գրիչ
Vernis	Լաք

Astronomie

Աստղագիտություն

Astéroïde	Աստերոիդ
Astronaute	Տիեզերագետ
Astronome	Աստղագետ
Ciel	Երկինք
Éclipse	Խավարում
Équinoxe	Էքվինոքս
Fusée	Հրթիռ
Galaxie	Գալաքսիա
Lune	Լուսին
Météore	Մետեոր
Nébuleuse	Նեբուլա
Observatoire	Աստղադիտարան
Planète	Մոլորակ
Radiation	Ճառագայթում
Satellite	Արբանյակային
Solaire	Արեւային
Supernova	Սուպերնովա
Terre	Երկիր
Télescope	Հեռադիտակ
Univers	Տիեզերք

Automne

Աշուն

Châtaignes	Շագանակ
Climat	Կլիմա
Équinoxe	Էքվինոքս
Festival	Փառատոն
Feux	Հրդեհներ
Gel	Սառնամանիք
Gland	Կաղին
Météo	Եղանակ
Migration	Միգրացիայի
Mois	Ամիսներ
Nature	Բնություն
Pommes	Խնձոր
Saisonnier	Սեզոնային
Verger	Պտղատու Այգի
Vêtements	Հագուստ

Avions

Ինքնաթիռներ

Air	Օդ
Atmosphère	Մթնոլորտ
Atterrissage	Տնկում
Aventure	Արկած
Ballon	Փուչիկ
Carburant	Վառելիք
Ciel	Երկինք
Construction	Շինարարական
Descente	Ծագում
Direction	Ուղղություն
Équipage	Անձնակազմ
Gonfler	Փչել
Hauteur	Բարձրությունը
Hélices	Շարժիչներ
Histoire	Պատմություն
Hydrogène	Ջրածին
Moteur	Շարժիչ
Passager	Անցորդ
Pilote	Օդաչու
Turbulence	Անհանգիստ

Ballet

Բալետ

Artistique	Գեղարվեստական
Ballerine	Բալերինա
Chorégraphie	Խորեոգրաֆիա
Compétence	Հմտություն
Compositeur	Կոմպոզիտոր
Danseurs	Պարողներ
Expressif	Արտահայտիչ
Geste	Ժեստ
Intensité	Ինտենսիվացնել
Muscles	Մկաններ
Musique	Երաժշտություն
Orchestre	Նվագախումբ
Pratique	Պրակտիկա
Public	Լսարան
Répétition	Փորձ
Rythme	Ռիթմ
Solo	Սոլո
Style	Ոճ
Technique	Տեխնիկա

Barbecues

Խորոված

Chaud	Տաք
Couteaux	Դանակներ
Déjeuner	Ճաշ
Dîner	Ընթրիք
Enfants	Երեխաներ
Été	Ամառ
Faim	Սով
Famille	Ընտանիք
Fruit	Մրգեր
Gril	Գրիլ
Jeux	Խաղեր
Légumes	Բանջարեղեն
Musique	Երաժշտություն
Oignons	Սոխ
Poivre	Պղպեղ
Poulet	Հավ
Salades	Աղցաններ
Sauce	Սոուս
Sel	Աղ
Tomates	Լոլիկ

Bateaux

Նավակներ

Ancre	Խարիսխ
Bouée	Բույ
Canoë	Նավակ
Corde	Պարան
Équipage	Անձնակազմ
Ferry	Լաստանավ
Fleuve	Գետ
Kayak	Կայակ
Lac	Լիճ
Marée	Ալիքը
Marin	Նավաստի
Mât	Կայմ
Mer	Ծով
Moteur	Շարժիչ
Nautique	Ծովային
Océan	Օվկիանոս
Vagues	Ալիքներ
Voilier	Սայլբոատ
Yacht	Զբոսանավ

Bâtiments

Շենքեր

Ambassade	Դեսպանություն
Appartement	Բնակարան
Cabine	Տնակում
Château	Ամրոց
Cinéma	Կինո
École	Դպրոց
Garage	Ավտոտնակ
Grange	Գոմ
Hôpital	Հիվանդանոց
Hôtel	Հյուրանոց
Laboratoire	Լաբորատորիա
Musée	Թանգարան
Observatoire	Աստղադիտարան
Stade	Մարզադաշտ
Supermarché	Սուպերմարկետ
Tente	Վրան
Théâtre	Թատրոն
Tour	Աշտարակ
Université	Համալսարան
Usine	Գործարան

Camping

Արշավ

Amusement	Ժամանց
Animaux	Կենդանիներ
Arbres	Ծառեր
Aventure	Արկած
Boussole	Կողմնացույց
Cabine	Տնակում
Canoë	Նավակ
Carte	Քարտեզ
Chapeau	Գլխարկ
Chasse	Որս
Corde	Պարան
Feu	Կրակ
Forêt	Անտառ
Insecte	Միջատ
Lac	Լիճ
Lune	Լուսին
Montagne	Լեռ
Nature	Բնություն
Tente	Վրան

Championnat

Առաջնություն

Champion	Չեմպիոն
Championnat	Առաջնություն
Endurance	Տոկունություն
Entraîneur	Մարզիչ
Équipe	Թիմ
Finaliste	Եզրափակիչ
Jeux	Խաղեր
Juge	Դատավոր
Ligue	Լիգա
Médaille	Մեդալ
Motivation	Մոտիվացիա
Performance	Ներկայացում
Respirer	Շնչել
Sports	Սպորտ
Tournoi	Մրցաշար
Transpiration	Քրտինք
Victoire	Հաղթանակ

Chats

Կատուներ

Chasseur	Որսորդ
Curieux	Հետաքրքրասեր
Dormir	Քնել
Drôle	Զվարճալի
Fil	Մանվածք
Fou	Խենթ
Griffe	Պատռել
Indépendant	Անկախ
Patte	Թաթ
Peu	Քիչ
Queue	Պոչ
Rapide	Արագ
Sauvage	Վայրի
Souris	Մուկ
Timide	Ամաչկոտ

Châteaux

Բերդեր

Armure	Զրահ
Bouclier	Վահան
Catapulte	Քարաձիգ
Cheval	Ձի
Chevalier	Ասպետ
Couronne	Պսակ
Dragon	Վիշապ
Dynastie	Դինաստիա
Empire	Կայսրություն
Épée	Սուր
Féodal	Ֆեուդալ
Forteresse	Բերդ
Licorne	Միաեղջյուր
Mur	Պատ
Noble	Ազնիվ
Palais	Պալատ
Prince	Իշխան
Princesse	Արքայադուստր
Tour	Աշտարակ

Chocolat

Շոկոլադ

Amer	Դառը
Antioxydant	Հակաքսիդանտ
Arôme	Բուրմունք
Cacao	Կակաո
Calories	Կալորիաներ
Caramel	Կարամել
Délicieux	Համեղ
Doux	Քաղցր
Exotique	Էկզոտիկ
Favori	Սիրած
Goût	Համ
Ingrédient	Բաղադրիչ
Noix de Coco	Կոկոս
Poudre	Փոշի
Qualité	Որակ
Recette	Բաղադրատոմսը
Saveur	Համը
Sucre	Շաքար

Cirque

Կրկեսի

Acrobate	Ակրոբատ
Animaux	Կենդանիներ
Astuce	Հնարք
Ballons	Փուչիկներ
Billet	Տոմս
Clown	Ծաղրածու
Costume	Կոստյում
Éléphant	Փիղ
Jongleur	Ջոնգլեր
Lion	Առյուծ
Magicien	Կախարդ
Magie	Կախարդական
Montrer	Շոու
Musique	Երաժշտություն
Parade	Շքերթ
Singe	Կապիկ
Spectateur	Հանդիսատես
Tente	Վրան
Tigre	Վագր

Comédie

Կատակերգություն

Acteur	Դերասան
Actrice	Դերասանուհի
Amusement	Ժամանց
Blagues	Կատակներ
Clowns	Ծաղրածուներ
Drôle	Զվարճալի
Expressif	Արտահայտիչ
Genre	Ժանր
Humour	Հումոր
Improvisation	Իմպրովիզացիա
Intelligent	Խելացի
Parodie	Պարոդիա
Public	Լսարան
Rire	Ծիծաղ
Théâtre	Թատրոն

Conduite

Վարորդական

Accident	Վթար
Bus	Ավտոբուս
Camion	Բեռնատար
Carburant	Վառելիք
Carte	Քարտեզ
Danger	Վտանգ
Freins	Արգելակներ
Garage	Ավտոտնակ
Gaz	Գազ
Licence	Լիցենզիա
Moteur	Մոտոր
Moto	Մոտոցիկլ
Piéton	Հետիոտնային
Route	Ճանապարհ
Rue	Փողոց
Trafic	Շարժում
Transport	Փոխադրում
Tunnel	Թունել
Vitesse	Արագություն
Voiture	Մեքենա

Corps Humain

Մարդու Մարմին

Bouche	Բերան
Cerveau	Ուղեղ
Cheville	Կոճ
Cou	Պարանոց
Coude	Անկյուն
Cœur	Սիրտ
Doigt	Մատ
Estomac	Ստամոքսի
Épaule	Ուս
Genou	Ծնկի
Lèvres	Շրթներկ
Main	Ձեռք
Mâchoire	Ծնոտ
Menton	Կզակ
Nez	Քիթ
Oreille	Ականջ
Peau	Կաշի
Sang	Արյան
Tête	Գլուխ
Visage	Դեմք

Cuisine

Խոհանոց

Baguettes	Չոպստիկներ
Bol	Գունդ
Bouilloire	Թեյնիկ
Couteaux	Դանակներ
Cruche	Կուժ
Cuillères	Գդալներ
Épices	Համեմունքներ
Éponge	Սպունգ
Four	Ջեռոց
Gril	Գրիլ
Louche	Շերեփ
Nourriture	Սնունդ
Recette	Բաղադրատոմսը
Réfrigérateur	Սառնարան
Serviette	Անձեռոցիկ
Tablier	Գոգնոց
Tasses	Բաժակ

Danse

Պար

Académie	Ակադեմիա
Art	Արվեստ
Chorégraphie	Խորեոգրաֆիա
Classique	Դասական
Corps	Մարմին
Culture	Մշակույթ
Culturel	Մշակութային
Expressif	Արտահայտիչ
Émotion	Զգացմունք
Grâce	Շնորհ
Joyeux	Ուրախ
Mouvement	Շարժում
Musique	Երաժշտություն
Partenaire	Գործընկեր
Répétition	Փորձ
Rythme	Ռիթմ
Saut	Ցատկել
Traditionnel	Ավանդական
Visuel	Տեսողական

Dinosaures

Դինոզավրեր

Ailes	Թեւեր
Disparition	Անհետացում
Espèce	Տեսակներ
Énorme	Հսկայական
Évolution	Էվոլուցիա
Grand	Մեծ
Herbivore	Հերբիվոր
Mammouth	Մամոնտ
Omnivore	Օմնիվորե
Préhistorique	Նախապատմական
Puissant	Հզոր
Queue	Պոչ
Rapace	Գիշատիչ
Reptile	Սողուն
Taille	Չափ
Terre	Երկիր
Vicieux	Արատավոր

Disciplines Scientifiques

Գիտական Առարկաներ

Anatomie	Անատոմիա
Archéologie	Հնագիտություն
Biochimie	Կենսաքիմիա
Chimie	Քիմիա
Écologie	Էկոլոգիա
Immunologie	Իմունոլոգիա
Kinésiologie	Կինեզիոլոգիա
Mécanique	Մեխանիկա
Minéralogie	Հանքային
Nutrition	Սնուցում
Physiologie	Ֆիզիոլոգիա
Physique	Ֆիզիկա
Robotique	Ռոբոտիկա
Sociologie	Սոցիոլոգիա
Thermodynamique	Թերմոդինամիկա

Eau

Ջուր

Douche	Ցնցուղ
Évaporation	Գոլորշիացում
Fleuve	Գետ
Gel	Սառնամանիք
Geyser	Գեյզեր
Glace	Սառույց
Humidité	Խոնավություն
Humidité	Խոնավություն
Inondation	Ջրհեղեղ
Irrigation	Ոռոգում
Lac	Լիճ
Mousson	Մուսոն
Neige	Ձյուն
Océan	Օվկիանոս
Ouragan	Փոթորիկ
Pluie	Անձրեւ
Vagues	Ալիքներ
Vapeur	Զույզ

Escalade

Նվանելով

Altitude	Բարձրությունը
Atmosphère	Մթնոլորտ
Blessure	Վնասվածք
Bottes	Կոշիկներ
Carte	Քարտեզ
Casque	Սաղավարտ
Expert	Փորձագետ
Étroit	Նեղ
Force	Ուժ
Formation	Ուսուցում
Gants	Ձեռնացողներ
Grotte	Քարանձավ
Guides	Ուղեցույցներ
Physique	Ֆիզիկական
Randonnée	Արշավ
Stabilité	Կայունություն

Exploration

Հետախուզություն

Animaux	Կենդանիներ
Apprendre	Սովորել
Courage	Քաջություն
Cultures	Մշակույթ
Dangers	Վտանգներ
Découverte	Բացում
Excitation	Հուզմունք
Épuisement	Սպառում
Inconnu	Անհայտ
Langue	Լեզու
Lointain	Հեռավոր
Nouveau	Նոր
Périlleux	Վտանգավոր
Sauvage	Վայրի
Voyage	Ճանապարհորդել

Échecs

Շախմատ

Adversaire	Հակառակորդ
Apprendre	Սովորել
Blanc	Սպիտակ
Champion	Չեմպիոն
Concours	Մրցույթ
Intelligent	Խելացի
Jeu	Խաղ
Joueur	Խաղացող
Noir	Սեւ
Passif	Պասիվ
Points	Միավոր
Reine	Թագուհի
Règles	Կանոններ
Roi	Թագավորը
Sacrifice	Սողուն
Temps	Ժամանակ
Tournoi	Մրցաշար

École #1

Դպրոց #1

Alphabet	Այբուբեն
Amis	Ընկերներ
Amusement	Ժամանց
Apprendre	Սովորել
Bibliothèque	Գրադարան
Bureau	Գրասեղան
Chaise	Աթոռ
Crayon	Մատիտ
Déjeuner	Ճաշ
Dossiers	Թղթապանակներ
Enseignant	Ուսուցիչ
Examens	Քննություններ
Écrire	Գրել
Livres	Գրքեր
Marqueurs	Մարկերներ
Math	Մաթեմատիկա
Nombres	Թվեր
Papier	Թուղթ
Réponses	Պատասխաններ
Salle de Classe	Դասարան

École #2

Դպրոց #2

Académique	Ակադեմիական
Bibliothèque	Գրադարան
Bus	Ավտոբուս
Calendrier	Օրացույց
Chaussures	Կոշիկ
Ciseaux	Մկրատ
Crayon	Մատիտ
Dictionnaire	Բառարան
Enseignant	Ուսուցիչ
Écriture	Գրելու
Éducation	Կրթություն
Jeux	Խաղեր
Lecture	Ընթերցում
Littérature	Գրականություն
Livres	Գրքեր
Math	Մաթեմատիկա
Ordinateur	Համակարգիչ
Papier	Թուղթ
Science	Գիտություն
Vêtements	Հագուստ

Écologie

Էկոլոգիա

Bénévoles	Կամավորներ
Climat	Կլիմա
Communautés	Համայնքներ
Durable	Կայուն
Espèce	Տեսակներ
Faune	Ֆաունա
Flore	Ֆլորա
Global	Գլոբալ
Marais	Ճահիճ
Marin	Ծովային
Montagnes	Լեռներ
Nature	Բնություն
Naturel	Բնական
Plantes	Բույսեր
Ressources	Ռեսուրսներ
Sécheresse	Երաշտ
Survie	Գոյատեւում

Émotions

Զգացմունքներ

Amour	Սեր
Calme	Հանգիստ
Colère	Զայրույթ
Ennui	Ձանձրույթ
Excité	Հուզված
Gentillesse	Բարություն
Joie	Ուրախություն
Paix	Խաղաղություն
Peur	Վախ
Reconnaissant	Շնորհակալ
Relief	Օգնություն
Satisfait	Բավարարված
Surprise	Անակնկալ
Sympathie	Համակրանք
Tendresse	Քնքշություն
Tranquillité	Հանգստություն
Tristesse	Տխրություն

Épices

Համեմունքներ

Aigre	Թթու
Ail	Սխտոր
Amer	Դառը
Anis	Անիս
Cannelle	Դարչին
Cardamome	Հիլ
Coriandre	Համեմ
Cumin	Չաման
Curry	Կարրի
Fenouil	Սամիթ
Fenugrec	Ֆենուգրեկ
Gingembre	Կոճապղպեղ
Muscade	Մշկընկույզ
Oignon	Սոխ
Paprika	Պապրիկա
Poivre	Պղպեղ
Safran	Զաֆրան
Saveur	Համը
Sel	Աղ
Vanille	Վանիլային

Été

Ամառային

Amis	Ընկերներ
Camping	Արշավ
Étoiles	Աստղեր
Famille	Ընտանիք
Jardin	Այգի
Jeux	Խաղեր
Joie	Ուրախություն
Livres	Գրքեր
Mer	Ծով
Musique	Երաժշտություն
Nager	Լողալ
Nourriture	Սնունդ
Plage	Լողափ
Relaxation	Թուլացում
Sandales	Սանդալներ
Vacances	Արձակուրդ
Voyage	Ճանապարհորդել

Famille

Ընտանեկան

Ancêtre	Նախահայր
Cousin	Զարմիկ
Enfance	Մանկություն
Enfant	Երեխա
Enfants	Երեխաներ
Femme	Կինը
Fille	Դուստր
Frère	Եղբայր
Grand-Mère	Տատիկ
Grand-Père	Պապիկ
Mari	Ամուսին
Maternel	Մայրական
Mère	Մայր
Neveu	Եղբորորդին
Nièce	Հետազգուրս
Oncle	Հորեղբայր
Paternel	Հայրական
Père	Հայր
Soeur	Քույր
Tante	Աունտ

Ferme #1

Ֆերմա #1

Abeille	Մեղու
Âne	Էշ
Bison	Բիզոն
Champ	Դաշտ
Chat	Կատու
Cheval	Ձի
Chèvre	Այծի
Chien	Շուն
Clôture	Ցանկապատի
Cochon	Խոզ
Corbeau	Ագռավ
Eau	Ջուր
Engrais	Պարարտանյութ
Foin	Հայ
Miel	Մեղր
Poulet	Հավ
Riz	Բրինձ
Troupeau	Հոտ
Vache	Կով
Veau	Հորթ

Ferme #2

Ֆերմա #2

Agneau	Գառ
Agriculteur	Ֆերմեր
Animaux	Կենդանիներ
Berger	Հովիվ
Blé	Ցորեն
Canard	Բադ
Fruit	Մրգեր
Grange	Գոմ
Irrigation	Ոռոգում
Lait	Կաթ
Lama	Լամա
Légume	Բուսական
Maïs	Եգիպտացորեն
Mouton	Ոչխար
Nourriture	Սնունդ
Orge	Գարի
Pré	Մարգագետին
Ruche	Փեթակ
Tracteur	Տրակտոր
Verger	Պտղատու Այգի

Fleurs

Ծաղիկներ

Bouquet	Փունջ
Gardénia	Գարդենյա
Hibiscus	Հիբիսկուս
Jasmin	Հասմիկ
Lavande	Նարդոս
Magnolia	Մագնոլիա
Marguerite	Դեզի
Orchidée	Օրխիդ
Pétale	Թեր
Pissenlit	Դանդելիոն
Pivoine	Պիոն
Rose	Վարդ
Tournesol	Արեւածաղիկ
Trèfle	Երեfնուկ
Tulipe	Կակաչ

Forêt Tropicale

Արեւադարձային Անտառ

Botanique	Բուսանիկական
Climat	Կլիմա
Communauté	Համայնf
Espèce	Տեսակներ
Indigène	Բնիկ
Insectes	Միջատներ
Jungle	Ջունգլի
Mammifères	Կաթնասուններ
Mousse	Մամուռ
Nature	Բնություն
Nuage	Ամպեր
Oiseaux	Թռչուններ
Précieux	Արժեfավոր
Préservation	Պահպանում
Refuge	Ապաստան
Respect	Հարգանf
Restauration	Վերականգնում
Survie	Գոյատեւում

Formes

Ձեւավորում

Arc	Աղեղ
Bords	Եզրեր
Carré	Քառակուսի
Cercle	Ցլիկ
Coin	Անկյուն
Courbe	Կոր
Cône	Կոն
Côté	Կողմ
Cube	Խորանարդ
Cylindre	Գլան
Ellipse	Էլիպս
Hyperbole	Հիպերբոլա
Ligne	Գիծ
Ovale	Օվալ
Polygone	Պոլիգոն
Prisme	Պրիզմա
Pyramide	Բուրգ
Rectangle	Ուղղանկյունի
Sphère	Ոլորտ
Triangle	Եռանկյունի

Fournitures d'Art

Արվեստի Պարագաներ

Acrylique	Ակրիլ
Aquarelles	Ջրաներկ
Argile	Կավ
Caméra	Տեսախցիկ
Chaise	Աթոռ
Chevalet	Պատկեր
Colle	Սոսինձ
Couleurs	Գույներ
Crayons	Մատիտներ
Eau	Ջուր
Encre	Թանաf
Gomme	Ռետին
Huile	Յուղ
Idées	Գաղափարներ
Papier	Թուղթ
Peinture	Ներկեր
Table	Սեղան

Fruit

Մրգեր

Abricot	Ծիրան
Ananas	Արfայախնձոր
Avocat	Ավոկադո
Baie	Հատապտուղ
Banane	Բանան
Cerise	Բալ
Citron	Կիտրոն
Figue	Թուզ
Framboise	Ազնվամորի
Goyave	Գուավա
Kiwi	Կիվի
Mangue	Մանգո
Melon	Սեխ
Nectarine	Նեկտարին
Orange	Նարնջագույն
Papaye	Պապայա
Pêche	Դեղձ
Poire	Տանձ
Pomme	Խնձոր
Raisin	Խաղող

Géographie

Աcխարհագրություն

Altitude	Բարձրությունը
Atlas	Ատլաս
Carte	Քարտեզ
Continent	Աcխարհամաս
Fleuve	Գետ
Hémisphère	Կիսագունդ
Île	Կղզի
Latitude	Լայնություն
Mer	Ծով
Méridien	Միջօրեական
Monde	Աcխարհ
Montagne	Լեռ
Nord	Հյուսիս
Océan	Օվկիանոս
Ouest	Արեւմուտf
Pays	Երկիր
Région	Տարածաcրջան
Sud	Հարավ
Territoire	Տարածf
Ville	Քաղաf

Géologie

Երկրաբանություն

Acide	Թթու
Calcium	Կալցիում
Caverne	Քարանձավ
Continent	Աշխարհամաս
Corail	Կորալ
Couche	Շերտ
Cristaux	Բյուրեղներ
Érosion	Էրոզիա
Fondu	Հալած
Fossile	Հանածո
Geyser	Գեյզեր
Lave	Լավա
Minéraux	Հանքային
Pierre	Քար
Plateau	Սարահարթ
Quartz	Որձաքար
Sel	Աղ
Stalactite	Ստալակտիտ
Volcan	Հրաբուխ
Zone	Գոտի

Herboristerie

Բուսաբուժություն

Ail	Սխտոր
Aromatique	Անուշաբույր
Basilic	Ռեհան
Bénéfique	Շահավետ
Culinaire	Խոհարարական
Estragon	Թարգուն
Fenouil	Սամիթ
Fleur	Ծաղիկ
Ingrédient	Բաղադրիչ
Jardin	Այգի
Lavande	Նարդոս
Marjolaine	Մարջորամ
Menthe	Անանուխ
Persil	Մաղադանոս
Qualité	Որակ
Romarin	Ռոզմարի
Safran	Զաֆրան
Saveur	Համը
Thym	Ուրց
Vert	Կանաչ

Insectes

Միջատներ

Abeille	Մեղու
Cafard	Ուտիճ
Cigale	Ցիկադա
Coccinelle	Լեդիբուգ
Fourmi	Մրջյուն
Larve	Թրթուր
Libellule	Ճպուռ
Mante	Մանտիս
Moustique	Մժեղ
Papillon	Թիթեռ
Puce	Բուլ
Puceron	Տլ
Sauterelle	Մորեխ
Scarabée	Բզեզ
Termite	Տերմիտ
Ver	Ճիճու

Instruments de Musique

Երաժշտական Գործիքներ

Banjo	Բանջո
Basson	Ֆասոն
Clarinette	Կլարնետ
Flûte	Ֆլեյտա
Gong	Գոնգ
Guitare	Կիթառ
Harpe	Տավիղ
Hautbois	Օբոե
Mandoline	Մանդոլին
Marimba	Մարիմբա
Piano	Դաշնամուր
Saxophone	Սաքսոֆոն
Tambour	Թմբուկ
Tambourin	Բուբեն
Trombone	Տրոմբոն
Trompette	Շեփոր
Violon	Ջութակ
Violoncelle	Թավջութակ

Jardin

Այգի

Arbre	Ծառ
Banc	Դազգահ
Buisson	Բուշ
Clôture	Ցանկապատի
Étang	Լճակ
Fleur	Ծաղիկ
Garage	Ավտոտնակ
Herbe	Խոտ
Jardin	Այգի
Mauvaises Herbes	Մոլախոտերի
Pelle	Թիակ
Râteau	Փոցխ
Sol	Հող
Terrasse	Կտուր
Trampoline	Տրամպոլին
Tuyau	Գուլպաներ

Jouets

Խաղալիքներ

Argile	Կավ
Artisanat	Արհեստներ
Avion	Ինքնաթիռ
Balle	Բալ
Bateau	Նավակ
Camion	Բեռնատար
Échecs	Շախմատ
Favori	Սիրած
Jeux	Խաղեր
Livres	Գրքեր
Peinture	Ներկեր
Poupée	Տիկնիկ
Puzzle	Հանելուկ
Robot	Ռոբոտ
Train	Գնացք
Vélo	Հեծանիվ
Voiture	Մեքենա

Jours et Mois

Օրեր և Ամիսներ

Août	Օգոստոս
Avril	Ապրիլ
Calendrier	Օրացույց
Décembre	Դեկտեմբեր
Dimanche	Կիրակի
Février	Փետրվար
Janvier	Հունվար
Jeudi	Հինգշաբթի
Juillet	Հուլիս
Juin	Հունիս
Lundi	Երկուշաբթի
Mardi	Երեքշաբթի
Mars	Մարտ
Mercredi	Չորեքշաբթի
Mois	Ամիս
Novembre	Նոյեմբեր
Octobre	Հոկտեմբեր
Samedi	Շաբաթ
Septembre	Սեպտեմբեր
Vendredi	Ուրբաթ

Les Abeilles

Մեղուները

Ailes	Թևեր
Bénéfique	Շահավետ
Cire	Մոմ
Essaim	Երբ
Écosystème	Էկոհամակարգ
Fleurs	Ծաղիկներ
Fruit	Մրգեր
Fumée	Ծուխ
Insecte	Միջատ
Jardin	Այգի
Miel	Մեղր
Nourriture	Սնունդ
Plantes	Բույսեր
Pollen	Պոլեն
Pollinisateur	Փոփոխող
Reine	Թագուհի
Ruche	Փեթակ
Soleil	Արեւ

Légumes

Բանջարեղեն

Ail	Սխտոր
Artichaut	Արտիճուկ
Aubergine	Սմբուկ
Brocoli	Բրոկկոլի
Carotte	Գազար
Céleri	Նեխուր
Champignon	Սունկ
Citrouille	Դդում
Concombre	Վարունգ
Échalote	Շալոտ
Épinard	Սպանախ
Gingembre	Կոճապղպեղ
Navet	Շաղգամ
Oignon	Սոխ
Olive	Ձիթապտուղ
Persil	Մաղադանոս
Pois	Սիսեռ
Radis	Բողկ
Salade	Աղցան
Tomate	Լոլիկ

Littérature

Գրականություն

Analogie	Անալոգիա
Anecdote	Անեկդոտ
Auteur	Հեղինակ
Dialogue	Երկխոսություն
Fiction	Գեղարվեստական
Genre	Ժանր
Narrateur	Պատմող
Opinion	Կարծիք
Poétique	Բանաստեղծական
Rime	Հանգ
Roman	Վեպ
Rythme	Ռիթմ
Style	Ոճ
Thème	Թեմա
Tragédie	Ողբերգություն

Livres

Գրքեր

Auteur	Հեղինակ
Aventure	Արկած
Collection	Հավաքածու
Contexte	Համատեքստ
Écrit	Գրված
Histoire	Պատմություն
Historique	Պատմական
Humoristique	Հումորային
Immersion	Ընկղմում
Inventif	Հնարամիտ
Lecteur	Ընթերցող
Littéraire	Գրական
Mots	Բառեր
Narrateur	Պատմող
Page	Էջ
Pertinent	Համապատասխան
Poésie	Պոեզիա
Roman	Վեպ
Série	Սերիա
Tragique	Ողբերգական

Maison

Տուն

Balai	Ցախավել
Bibliothèque	Գրադարան
Chambre	Սենյակ
Cheminée	Բուխարի
Clés	Բանալիները
Clôture	Ցանկապատի
Cuisine	Խոհանոց
Douche	Ցնցուղ
Fenêtre	Պատուհան
Garage	Ավտոտնակ
Grenier	Ձեռնարկ
Jardin	Այգի
Lampe	Լամպ
Miroir	Հայելի
Mur	Պատ
Plafond	Առաստաղ
Porte	Դուռ
Rideaux	Վարագույրներ
Tapis	Գորգ
Toit	Տանիք

Mammifères

Կաթնասուններ

Baleine	Կետ
Chat	Կատու
Cheval	Ձի
Chien	Շուն
Coyote	Կոյոտ
Dauphin	Դելֆին
Éléphant	Փիղ
Girafe	Ընձուղտ
Gorille	Գորիլա
Kangourou	Կենգուրու
Lapin	Ճագար
Lion	Առյուծ
Loup	Գայլ
Mouton	Ոչխար
Ours	Արջ
Renard	Աղվես
Singe	Կապիկ
Taureau	Ցուլ
Tigre	Վագր
Zèbre	Զեբրա

Mathématiques

Մաթեմատիկա

Angles	Անկյուններ
Arithmétique	Թվաբանություն
Carré	Քառակուսի
Circonférence	Շրջապատ
Degrés	Աստիճաններ
Décimal	Տասնորդական
Diamètre	Տրամագիծ
Exposant	Էքսպոնենտ
Équation	Հավասարում
Fraction	Մաս
Nombres	Թվեր
Parallèle	Զուգահեռ
Périmètre	Պրիմետր
Polygone	Պոլիգոն
Rectangle	Ուղղանկյունի
Somme	Գումար
Sphère	Ոլորտ
Symétrie	Սիմետրիա
Triangle	Եռանկյունի
Volume	Ծավալը

Mesures

Չափումներ

Centimètre	Սանտիմետր
Degré	Աստիճան
Décimal	Տասնորդական
Gramme	Գրամ
Hauteur	Բարձրությունը
Kilogramme	Կիլոգրամ
Kilomètre	Կիլոմետր
Largeur	Լայնություն
Litre	Լիտր
Longueur	Երկարություն
Mètre	Մետր
Minute	Րոպե
Octet	Բայտ
Once	Ունցիա
Poids	Քաշը
Pouce	Դյույմ
Profondeur	Խորություն
Tonne	Տոննա
Volume	Ծավալը

Meubles

Կահույք

Banc	Դազգահ
Bibliothèque	Գրապահարան
Bureau	Գրասեղան
Chaise	Աթոռ
Commode	Զարդասեղան
Coussins	Բարձիկներ
Étagères	Դարակներ
Fauteuil	Բազկաթոռ
Futon	Ֆուտոն
Lampe	Լամպ
Lit	Մահճակալ
Matelas	Ներքնակ
Miroir	Հայելի
Oreiller	Բարձ
Rideaux	Վարագույրներ
Tapis	Գորգ

Méditation

Մեդիտացիա

Acceptation	Ընդունում
Apprendre	Սովորել
Attention	Ուշադրություն
Bonheur	Երջանկություն
Calme	Հանգիստ
Clarté	Պարզություն
Compassion	Կարեկցանք
Esprit	Միտք
Éveillé	Ցնդած
Gentillesse	Բարություն
Mental	Մտավոր
Mouvement	Շարժում
Musique	Երաժշտություն
Nature	Բնություն
Observation	Դիտարկում
Paix	Խաղաղություն
Pensées	Մտքերը
Perspective	Հեռանկար
Respiration	Շնչառություն
Silence	Լռություն

Météo

Եղանակ

Arc-En-Ciel	Ծիածան
Atmosphère	Մթնոլորտ
Brise	Զեփյուռ
Brouillard	Մառախուղ
Calme	Հանգիստ
Ciel	Երկինք
Climat	Կլիմա
Glace	Սառույց
Inondation	Ջրհեղեղ
Mousson	Մուսոն
Nuage	Ամպ
Polaire	Բևեռային
Sec	Չոր
Sécheresse	Երաշտ
Température	Ջերմաստիճանը
Tempête	Փոթորիկ
Tonnerre	Որոտ
Tornade	Տարափ
Tropical	Արևադարձային
Vent	Քամի

Mythologie

Առասպելաբանություն

Archétype	Արքետիպ
Catastrophe	Աղետ
Comportement	Վարքագիծ
Création	Ստեղծում
Créature	Արարած
Culture	Մշակույթ
Éclair	Կայծակ
Force	Ուժ
Guerrier	Ռազմիկ
Héros	Հերոս
Immortalité	Անմահություն
Jalousie	Խանդը
Labyrinthe	Լաբիրինթոս
Légende	Լեգենդ
Magique	Կախարդական
Monstre	Հրեշ
Mortel	Մահկանացու
Tonnerre	Որոտ
Triomphant	Հաղթական
Vengeance	Վրեժ

Nature

Բնություն

Abeilles	Մեղուներ
Animaux	Կենդանիներ
Arctique	Արկտիկա
Beauté	Գեղեցկություն
Brouillard	Մառախուղ
Désert	Անապատ
Dynamique	Դինամիկ
Érosion	Էրոզիա
Feuillage	Սաղարթ
Fleuve	Գետ
Forêt	Անտառ
Glacier	Սառցադաշտ
Montagnes	Լեռներ
Nuage	Ամպեր
Paisible	Խաղաղ
Sauvage	Վայրի
Serein	Հանգիստ
Tropical	Արևադարձային
Vital	Կենսական

Nombres

Թվերներ

Cinq	Հինգ
Deux	Երկու
Décimal	Տասնորդական
Dix	Տասը
Dix-Huit	Տասնութ
Dix-Neuf	Տասնինը
Dix-Sept	Տասնյոթ
Douze	Տասներկու
Huit	Ութ
Neuf	Ինը
Quatorze	Տասնչորս
Quatre	Չորս
Quinze	Տասնհինգ
Seize	Տասնվեց
Sept	Յոթ
Six	Վեց
Treize	Տասներեք
Trois	Երեք
Vingt	Քսան
Zéro	Զրո

Nourriture #1

Սնունդ #1

Ail	Սխտոր
Basilic	Ռեհան
Café	Սուրճ
Cannelle	Դարչին
Carotte	Գազար
Citron	Կիտրոն
Épinard	Սպանախ
Fraise	Ելակ
Jus	Հյութ
Lait	Կաթ
Navet	Շաղգամ
Oignon	Սոխ
Orge	Գարի
Poire	Տանձ
Salade	Աղցան
Sel	Աղ
Soupe	Ապուր
Sucre	Շաքար
Thon	Թունա
Viande	Միս

Nourriture #2

Սնունդ #2

Amande	Նուշ
Aubergine	Սմբուկ
Banane	Բանան
Blé	Ցորեն
Brocoli	Բրոկկոլի
Cerise	Բալ
Céleri	Նեխուր
Champignon	Սունկ
Chocolat	Շոկոլադ
Jambon	Խոզապուխտ
Kiwi	Կիվի
Mangue	Մանգո
Oeuf	Ձու
Pain	Հաց
Poisson	Ձուկ
Pomme	Խնձոր
Poulet	Հավ
Raisin	Խաղող
Riz	Բրինձ
Tomate	Լոլիկ

Nutrition

Սնուցում

Amer	Դառը
Appétit	Ախորժակ
Calories	Կալորիաներ
Comestible	Ուտելի
Diète	Դիետա
Digestion	Մարսողություն
Épices	Համեմունքներ
Fermentation	Խմորում
Glucides	Ածխաջրեր
Liquides	Հեղուկներ
Nutritif	Սննդարար
Poids	Քաշը
Protéines	Սպիտակուցներ
Qualité	Որակ
Sain	Առողջ
Santé	Առողջություն
Sauce	Սոուս
Saveur	Համը
Toxine	Տոքսին
Vitamine	Վիտամին

Océan

Օվկիանոս

Algue	Ջրիմուռներ
Anguille	Օձաձուկ
Baleine	Կետ
Bateau	Նավակ
Corail	Կորալ
Crevette	Ծովախեցգետին
Dauphin	Դելֆին
Éponge	Սպունգ
Huître	Ոստրե
Marées	Տիդես
Méduse	Մեդուզա
Poisson	Ձուկ
Poulpe	Ութոտնուկ
Requin	Շնաձ
Récif	Ռեյիեֆ
Sel	Աղ
Tempête	Փոթորիկ
Thon	Թունա
Tortue	Կրիա
Vagues	Ալիքներ

Oiseaux

Թռչուններ

Aigle	Արծիվ
Autruche	Ջայլամ
Canard	Բադ
Canari	Канарейка
Cigogne	Արագիլ
Corbeau	Ագռավ
Coucou	Կկուկ
Cygne	Կարապ
Flamant	Ֆլամինգո
Héron	Հերոն
Hibou	Բու
Manchot	Պինգվին
Moineau	Ճնճղուկ
Oeuf	Ձու
Oie	Սագ
Paon	Սիրամարգ
Perroquet	Թութակ
Pélican	Հավալուսն
Pigeon	Աղավնի
Poulet	Հավ

Pays #2

Երկրներ #2

Albanie	Ալբանիա
Chine	Չինաստան
Danemark	Դանիա
France	Ֆրանսիա
Haïti	Հաիթի
Indonésie	Ինդոնեզիա
Irlande	Իռլանդիա
Jamaïque	Ջամայկա
Japon	Ճապոնիա
Kenya	Քենիա
Laos	Լաոս
Liban	Լիբանան
Mexique	Մեքսիկա
Ouganda	Ուգանդա
Pakistan	Պակիստան
Russie	Ռուսաստան
Somalie	Սոմալի
Soudan	Սուդան
Syrie	Սիրիա
Ukraine	Ուկրաինա

Paysages

Բնանկարներ

Cascade	Ջրվեժ
Colline	Բլրի
Désert	Անապատ
Estuaire	Գետաբերան
Fleuve	Գետ
Geyser	Գեյզեր
Glacier	Սառցադաշտ
Grotte	Քարանձավ
Iceberg	Այսբերգ
Île	Կղզի
Lac	Լիճ
Marais	Ճահիճ
Mer	Ծով
Montagne	Լեռ
Oasis	Օազիս
Péninsule	Թերակղզի
Plage	Լողափ
Toundra	Տունդրա
Vallée	Հովիտ
Volcan	Հրաբուխ

Pêche

Ձկնորս

Appât	Խայծ
Bateau	Նավակ
Branchies	Գիլս
Crochet	Որսալ
Cuire	Խոհարար
Eau	Ջուր
Fleuve	Գետ
Lac	Լիճ
Mâchoire	Ծնոտ
Océan	Օվկիանոս
Panier	Զամբյուղ
Patience	Համբերություն
Plage	Լողափ
Poids	Քաշը
Saison	Սեզոն

Pirates

Ծովահեններ

Ancre	Խարիսխ
Aventure	Արկած
Capitaine	Կապիտան
Carte	Քարտեզ
Cicatrice	Սպի
Danger	Վտանգ
Drapeau	Դրոշ
Épée	Սուր
Équipage	Անձնակազմ
Grotte	Քարանձավ
Île	Կղզի
Légende	Լեգենդ
Mauvais	Վատ
Océan	Օվկիանոս
Or	Ոսկի
Perroquet	Թութակ
Pièces	Մետաղադրամներ
Plage	Լողափ
Rhum	Ռում
Trésor	Գանձ

Plage

Լողափ

Bateau	Նավակ
Bleu	Կապույտ
Côte	Ափ
Crabe	Ծովախեցգետին
Île	Կղզի
Lagune	Ծովածոց
Mer	Ծով
Nager	Լողալ
Océan	Օվկիանոս
Parapluie	Հովանոց
Récif	Ռելիեֆ
Sable	Ավազ
Sandales	Սանդալներ
Serviette	Սրբիչ
Soleil	Արեւ
Vacances	Արձակուրդ
Voilier	Սայլբոատ

Plantes

Բույսեր

Arbre	Ծառ
Baie	Հատապտուղ
Bambou	Բամբոո
Buisson	Բուշ
Cactus	Կակտուս
Engrais	Պարարտանյութ
Feuillage	Սաղարթ
Feuille	Տերեւ
Fleur	Ծաղիկ
Flore	Ֆլորա
Forêt	Անտառ
Grandir	Աճել
Haricot	Լոբի
Herbe	Խոտ
Jardin	Այգի
Mousse	Մամուռ
Pétale	Թերթ
Racine	Արմատ
Soleil	Արեւ
Tige	Հիմք

Professions #1

Մասնագիտություններ #1

Ambassadeur	Դեսպան
Astronome	Աստղագետ
Avocat	Փաստաբան
Banquier	Բանկեր
Bijoutier	Ոսկերիչ
Cartographe	Քարտոգրաֆ
Chasseur	Որսորդ
Danseur	Պարուհի
Entraîneur	Մարզիչ
Éditeur	Խմբագիր
Géologue	Երկրաբան
Infirmière	Բուժքույր
Médecin	Բժիշկ
Musicien	Երաժիշտ
Pianiste	Դաշնակահար
Plombier	Ջրմուղագործ
Pompier	Հրշեջ
Psychologue	Հոգեբան
Scientifique	Գիտնական
Vétérinaire	Անասնաբույժ

Professions #2

Մասնագիտություններ #2

Astronaute	Տիեզերագետ
Bibliothécaire	Գրադարանավար
Biologiste	Կենսաբան
Chercheur	Հետազոտող
Chirurgien	Վիրաբույժ
Dentiste	Ատամնաբույժ
Détective	Դետեկտիվ
Enseignant	Ուսուցիչ
Illustrateur	Նկարագրող
Ingénieur	Ինժեներ
Inventeur	Գյուտարար
Jardinier	Այգեպան
Journaliste	Լրագրող
Linguiste	Լեզվաբան
Médecin	Բժիշկ
Peintre	Նկարիչ
Philosophe	Փիլիսոփա
Photographe	Լուսանկարիչ
Pilote	Օդաչու
Zoologiste	Կենդանաբան

Randonnée

Հետիոտն

Animaux	Կենդանիներ
Bottes	Կոշիկներ
Camping	Արշավ
Carte	Քարտեզ
Climat	Կլիմա
Dangers	Վտանգներ
Eau	Ջուր
Falaise	Ժայռի
Fatigué	Հոգնած
Guides	Ուղեցույցներ
Lourd	Ծանր
Météo	Եղանակ
Montagne	Լեռ
Nature	Բնություն
Orientation	Կողմնորոշում
Parcs	Այգիներ
Pierres	Քարեր
Préparation	Պատրաստում
Sauvage	Վայրի
Soleil	Արեւ

Remplir

Լրացնել

Baril	Տակառ
Boîte	Արկղ
Bouteille	Շիշ
Dossier	Թղթապանակ
Enveloppe	Ծրար
Panier	Զամբյուղ
Paquet	Փաթեթ
Plateau	Սկուտեղ
Poche	Գրպան
Sac	Պայուսակ
Seau	Դույլ
Tiroir	Գզրոց
Tube	Խողովակ
Valise	Ճամպրուկ
Vase	Ծաղկաման

Restaurant #1

Ռեստորան #1

Allergie	Ալերգիա
Assiette	Ափսե
Bol	Գունդ
Café	Սուրճ
Couteau	Դանակ
Cuisine	Խոհանոց
Dessert	Դեսերտ
Épicé	Կծու
Menu	Մենյու
Nourriture	Սնունդ
Pain	Հաց
Poulet	Հավ
Réservation	Վերապահում
Sauce	Սոուս
Serveuse	Մատուցողուհի
Serviette	Անձեռոցիկ
Viande	Միս

Restaurant #2

Ռեստորան #2

Boisson	Ըմպելիք
Chaise	Աթոռ
Cuillère	Գդալ
Déjeuner	Ճաշ
Délicieux	Համեղ
Dîner	Ընթրիք
Eau	Ջուր
Épices	Համեմունքներ
Fourchette	Պատառաքաղ
Fruit	Մրգեր
Gâteau	Տորթ
Glace	Սառույց
Légumes	Բանջարեղեն
Oeuf	Ձու
Poisson	Ձուկ
Salade	Աղցան
Sel	Աղ
Serveur	Մատուցող
Soupe	Ապուր

Salle de Bains

Լողասենյակ

Bain	Բաղնիք
Ciseaux	Մկրատ
Douche	Ցնցուղ
Eau	Ջուր
Éponge	Սպունգ
Évier	Լվացարան
Lotion	Լոսյոն
Miroir	Հայելի
Parfum	Օծանելիք
Robinet	Ծորակ
Savon	Օճառ
Serviette	Սրբիչ
Shampooing	Շամպուն
Tapis	Գորգ
Toilette	Զուգարան
Vapeur	Զույգ

Science

Գիտություն

Atome	Ատոմ
Chimique	Քիմիական
Climat	Կլիմա
Données	Տվյալներ
Expérience	Փորձ
Évolution	Էվոլուցիա
Fait	Փաստ
Fossile	Հանածո
Hypothèse	Հիփոթեքային
Laboratoire	Լաբորատորիա
Méthode	Մեթոդ
Minéraux	Հանքային
Molécules	Մոլեկուլներ
Nature	Բնություն
Observation	Դիտարկում
Organisme	Օրգանիզմ
Particules	Մասնիկներ
Physique	Ֆիզիկա
Plantes	Բույսեր
Scientifique	Գիտնական

Science-Fiction

Գիտական Գեղարվեստական

Atomique	Ատոմային
Cinéma	Կինո
Dystopie	Դիստոպիա
Explosion	Պայթյուն
Extrême	Ծայրահեղ
Fantastique	Ֆանտաստիկ
Feu	Կրակ
Galaxie	Գալաքսիա
Illusion	Պատրանք
Imaginaire	Երևակայական
Livres	Գրքեր
Lointain	Հեռավոր
Monde	Աշխարհ
Mystérieux	Խորհրդավոր
Oracle	Օրաքլի
Planète	Մոլորակ
Robots	Ռոբոտներ
Scénario	Սցենար
Technologie	Տեխնոլոգիա
Utopie	Ուտոպիա

Sports

Սպորտաձևեր

Arbitre	Դատավոր
Athlète	Մարզիկ
Base-Ball	Բեյսբոլ
Basket-Ball	Բասկետբոլ
Championnat	Առաջնություն
Entraîneur	Մարզիչ
Équipe	Թիմ
Gagnant	Հաղթող
Golf	Գոլֆ
Gymnase	Գիմնազիա
Hockey	Հոկեյ
Jeu	Խաղ
Joueur	Խաղացող
Mouvement	Շարժում
Nager	Լողալ
Stade	Մարզադաշտ
Tennis	Թենիս
Vélo	Հեծանիվ

Surf

Ճամփորդել

Amusement	Ժամանց
Athlète	Մարզիկ
Champion	Չեմպիոն
Débutant	Սկսնակ
Estomac	Ստամոքսի
Extrême	Ծայրահեղ
Force	Ուժ
Foules	Բազմությունը
Météo	Եղանակ
Mousse	Փրփուր
Nager	Լողալ
Océan	Օվկիանոս
Plage	Լողափ
Populaire	Հանրաճանաչ
Récif	Ռելիեֆ
Style	Ոճ
Vague	Ալիք
Vitesse	Արագություն

Technologie

Տեխնոլոգիա

Blog	Բլոգ
Caméra	Տեսախցիկ
Curseur	Ցուցիչ
Données	Տվյալներ
Écran	Էկրան
Fichier	Ֆայլ
Internet	Ինտերնետ
Logiciel	Ծրագրեր
Navigateur	Բրաուզեր
Numérique	Թվային
Octets	Բայտ
Ordinateur	Համակարգիչ
Police	Տառատեսակ
Virtuel	Վիրտուալ
Virus	Վիրուս

Temps

Ժամանակ

Année	Տարի
Annuel	Տարեկան
Après	Հետո
Avant	Նախքան
Bientôt	Շուտով
Calendrier	Օրացույց
Décennie	Տասնամյակ
Futur	Ապագա
Heure	Ժամ
Hier	Երեկ
Horloge	Ժամացույց
Jour	Օր
Maintenant	Հիմա
Matin	Առավոտ
Midi	Կեսօր
Minute	Րոպե
Mois	Ամիս
Nuit	Գիշեր
Semaine	Շաբաթ
Siècle	Դար

Types de Cheveux

Մազերի Տեսակները

Argent	Արծաթ
Blanc	Սպիտակ
Blond	Շիկահեր
Boucles	Գանգուրներ
Brillant	Փայլուն
Chauve	Ճաղատ
Coloré	Գունավոր
Court	Կարճ
Doux	Փափուկ
Épais	Հաստ
Frisé	Գանգուր
Gris	Մոխրագույն
Lisse	Հարթ
Long	Երկար
Marron	Շագանակագույն
Mince	Բարակ
Noir	Սեւ
Sain	Առողջ
Sec	Չոր
Tressé	Հյուսած

Vacances #1

Արձակուրդ #1

Aller	Գնալ
Avion	Ինքնաթիռ
Billet	Տոմս
Devise	Արժույթ
Départ	Մեկնում
Douane	Մաքսային
Expédition	Արշավախմբի
Itinéraire	Երթուղի
Lac	Լիճ
Musée	Թանգարան
Nager	Լողալ
Parapluie	Հովանոց
Relaxation	Թուլացում
Sac à Dos	Պայուսակ
Touriste	Տուրիստ
Tram	Տրամվայ
Valise	Ճամպրուկ
Voiture	Մեքենա

Vacances #2

Արձակուրդ #2

Aéroport	Օդանավակայան
Camping	Արշավ
Carte	Քարտեզ
Étranger	Օտար
Hôtel	Հյուրանոց
Île	Կղզի
Mer	Ծով
Montagnes	Լեռներ
Passeport	Անձնագիր
Plage	Լողափ
Restaurant	Ռեստորան
Taxi	Տաքսի
Tente	Վրան
Train	Գնացք
Transport	Փոխադրում
Vacances	Տոն
Visa	Վիզա
Voyage	Ճամբորդութիւն

Vertus #1

Առաքինություններ #1

Artistique	Գեղարվեստական
Bon	Լավ
Charmant	Հմայիչ
Confiant	Վստահ
Curieux	Հետաքրքրասեր
Décisif	Վճռական
Drôle	Զվարճալի
Efficace	Արդյունավետ
Fiable	Հուսալի
Généreux	Առատաձեռն
Imaginatif	Երեւակայական
Indépendant	Անկախ
Intelligent	Խելացի
Modeste	Համեստ
Passionné	Կրքոտ
Patient	Համբերատար
Pratique	Գործնական
Propre	Մաքուր
Sage	Իմաստուն
Utile	Օգտակար

Véhicules

Տրանսպորտային Միջոցներ

Avion	Ինքնաթիռ
Bateau	Նավակ
Bus	Ավտոբուս
Camion	Բեռնատար
Caravane	Քարավան
Ferry	Լաստանավ
Fusée	Հրթիռ
Hélicoptère	Ուղղաթիռ
Métro	Մետրո
Moteur	Մոտոր
Pneus	Տիրես
Scooter	Սկուտեր
Sous-Marin	Սուզանավ
Taxi	Տաքսի
Tracteur	Տրակտոր
Train	Գնացք
Van	Վան
Vélo	Հեծանիվ
Voiture	Մեքենա

Vêtements

Հագուստ

Bijoux	Զարդեր
Bracelet	Ապարանջան
Ceinture	Գոտի
Chapeau	Գլխարկ
Chaussure	Կոշիկ
Chemise	Վերնաշապիկ
Chemisier	Բլուզ
Collier	Վզնոց
Foulard	Շարֆ
Gants	Ձեռնոցներ
Jeans	Ջինս
Jupe	Փեշ
Manteau	Վերարկու
Pantalon	Տաբատ
Pull	Սվիտեր
Pyjama	Պիժամա
Robe	Զգեստ
Sandales	Սանդալներ
Tablier	Գոգնոց
Veste	Բաճկոն

Ville

Քաղաք

Aéroport	Օդանավակայան
Banque	Բանկ
Bibliothèque	Գրադարան
Boulangerie	Հացի
Cinéma	Կինո
Clinique	Կլինիկա
École	Դպրոց
Fleuriste	Գույն
Galerie	Պատկերասրահ
Hôtel	Հյուրանոց
Librairie	Գրախանութ
Marché	Շուկա
Musée	Թանգարան
Pharmacie	Դեղատուն
Restaurant	Ռեստորան
Salon	Սրահ
Stade	Մարզադաշտ
Supermarché	Սուպերմարկետ
Théâtre	Թատրոն
Université	Համալսարան

Félicitations

Vous avez réussi !

Nous espérons que vous avez apprécié ce livre autant que nous avons pris plaisir à le concevoir. Nous faisons de notre mieux pour créer des livres de la meilleure qualité possible.
Cette édition est conçue pour permettre un apprentissage intelligent et de qualité en se divertissant !

Vous avez aimé ce livre ?

Une Simple Demande

Nos livres existent grâce aux avis que vous publiez. Pourriez-vous nous aider en laissant un avis maintenant ?

Voici un lien rapide qui vous mènera à votre page d'évaluation de vos commandes :

BestBooksActivity.com/Avis50

CHALLENGE FINAL !

Défi n°1

Êtes-vous prêt pour votre jeu bonus ? Nous les utilisons tout le temps mais ils ne sont pas si faciles à trouver. Voici les **Synonymes** !

Notez 5 mots que vous avez trouvés dans les puzzles notés ci-dessous (n°21, n°36, n°76) et essayez de trouver 2 synonymes pour chaque mot.

Notez 5 Mots du **Puzzle 21**

Mots	Synonyme 1	Synonyme 2

Notez 5 Mots du **Puzzle 36**

Mots	Synonyme 1	Synonyme 2

Notez 5 Mots du **Puzzle 76**

Mots	Synonyme 1	Synonyme 2

Défi n°2

Maintenant que vous vous êtes échauffé, notez 5 mots que vous avez découverts dans les Puzzles n° 9, n° 17, n° 25 et essayez de trouver 2 antonymes pour chaque mot. Combien pouvez-vous en trouver en 20 minutes ?

Notez 5 Mots du **Puzzle 9**

Mots	Antonyme 1	Antonyme 2

Notez 5 Mots du **Puzzle 17**

Mots	Antonyme 1	Antonyme 2

Notez 5 Mots du **Puzzle 25**

Mots	Antonyme 1	Antonyme 2

Défi n°3

Formidable ! Ce défi final n'est rien pour vous.

Prêt pour le dernier défi ? Choisissez 10 mots que vous avez découverts parmi les différents puzzles et notez-les ci-dessous.

1.	6.
2.	7.
3.	8.
4.	9.
5.	10.

Maintenant, composez un texte en pensant à une personne, un animal ou un lieu que vous aimez !

Astuce: Vous pouvez utiliser la dernière page de ce livre comme brouillon !

Votre Composition :

_____

_____

_____

_____

_____

_____

_____

CARNET DE NOTES :

À TRÈS BIENTÔT !

Toute l'équipe

DECOUVREZ DES JEUX GRATUITS

GO

↓

BESTACTIVITYBOOKS.COM/FREEGAMES